Karl Becker

Die Mysterien

Karl Becker

Die Mysterien

ISBN/EAN: 9783743658424

Hergestellt in Europa, USA, Kanada, Australien, Japan

Cover: Foto ©Thomas Meinert / pixelio.de

Weitere Bücher finden Sie auf **www.hansebooks.com**

Die Mysterien

Le Siége d'Orléans und La Destruction de Troye la Grant.

Eine sprachliche Untersuchung.

INAUGURAL-DISSERTATION

zur

Erlangung der Doctorwürde

bei der

hohen philosophischen Facultät der Universität Marburg

eingereicht von

Karl Becker
aus Grossalmerode, Kreis Witzenhausen.

Marburg.
Universitäts-Buchdruckerei (R. Friedrich).
1886.

Herrn

Professor Dr. Edmund Stengel

in dankbarer Verehrung

gewidmet

vom Verfasser.

In nachstehender Untersuchung ist versucht worden, ein Bild von der Sprache der beiden Mysterien von der Belagerung Orleans[1]) und von der Zerstörung Trojas[1]) zu geben.

Die Veranlassung dazu gab eine Thèse de doctorat von H. Tivier (Etude sur le mystère du siége d'Orléans et sur J. Milet, auteur présumé de ce mystère, Paris 1868), in welcher der Verfasser bewiesen zu haben glaubt, dass dem Dichter von $\mathfrak{T}$, Jaques Milet, auch $\mathfrak{O}$ zuzuschreiben sei. Er glaubt dies deshalb annehmen zu müssen, weil beide Texte so oft sowohl dem Inhalt wie der Form nach übereinstimmen. Schon Le Petit de Juleville weist in seinen Mystères, Paris 1880, I. pg. 315 kurz darauf hin, dass Tivier doch eigentlich gar keinen Beweis für diese Annahme erbracht habe. Ganz haltlos erweist sich dieselbe aber, wenn wir auf Grund der folgenden Prüfung und Vergleichung der beiderseitigen Reimbindungen sehen, wie sehr beide Mysterien in sprachlicher Beziehung von einander abweichen.

A. Prüfung der Bindungen.

Um sich darüber klar zu werden, in wieweit die Bindungen der Verse ein zuverlässiges Kriterium für die Sprache der beiden Dichtungen gewähren, ist es zuerst nöthig, dieselben darauf hin zu untersuchen, ob sie neben Reimen auch Assonanzen aufweisen, oder gar Fälle, die weder als Reime noch als Assonanzen angesehen werden dürfen.

Berücksichtigen wir zunächst $\mathfrak{O}$. Bei einem flüchtigen Blick auf den Text, wie er in der Collection de documents inédits von Guessard und Certain herausgegeben ist, sollte es scheinen, als ob viele Bindungen sich weder als Assonanzen noch als Reime darstellten. Doch wird eine nähere Betrachtung eines jeden einzelnen Falles zeigen, dass in fast allen diesen Bindungen

---

1) Der Kürze halber möge in Folgendem das Mysterium Siége d'Orléans mit $\mathfrak{O}$ und das M. Destruction de Troye la Grant mit $\mathfrak{T}$ bezeichnet werden.

leicht reine Reime herzustellen sind. Ehe wir jedoch auf diese Fälle näher eingehn, muss noch auf einige andere Punkte aufmerksam gemacht werden.

1] Zunächst ist davor zu warnen, solche Bindungen, in denen ein *l* oder *r* die Annahme eines Reimes nicht zuzulassen scheint, als Assonanzen aufzufassen, z. B. *oriflambe* : *semble* D 15781, *faulte* : *autre* D 16700. Beide Halbvocale nämlich sind in D (und wie wir sehen werden auch in T) nach Consonanten verstummt; cf. 183 u. 185 ff.

2] Ebenso könnten Zweifel auftauchen über Reime wie: *amis (-icos)* : *parties (-*itas)* D 5993; *vois (-ēre)* : *croyent* D 12446. Aber wie sich 181 ergibt, ist das weibliche *e* nach betontem Vocale sowohl im Innern des Verses als im Reime in beiden Texten nicht silbenbildend. Wegen des Verstummens von *s*, *r* und *nt* cf. 190, 184, 192.

3] Von Assonanzen würden sich mehrere durch eine geringfügige Emendation leicht in einen Reim umgestalten lassen. Es sind zunächst die Verse:

Et faire finance de cendres
Leur fera beaucoup de nuysance D 2360.

Durch Umstellung von *finance* und *de cendres* würde der Reim hergestellt sein.

4] In Vers 4061:

Serpentines a grant puissance (: gens)

wären an die Stelle von *a grant puissance* zu setzen: *grants et puissants* (über das *e* in *puissance* cf. B. 181).

5] Folgende Assonanzen würden aber doch in D noch übrig bleiben:

respondre : nombre 6105. encontre : concombre 5058. chambre : attendre 1746. Alexandre : dessemble 15326. Estampes : excellantes 16855. Estampes : landes 17127. consomme : bonne 13146. echappe : place 12678. trappes ; agraffes 2310. trapes : saclest 5602. passent : gastent 12118. armes : Chabannes 4116. cavernes : jusarmes 19882. pertes : Termes 17892. dictes : autentiques 7099. dictes : fantastiques 7215. (dictes : merites 11585). princes : saintes 14075. musailles : bourgeoises 2300. aillent : voisent 9615. messaige : pareille 10622.

Eine grosse Anzahl von Versen gehören dann zu denjenigen, die so, wie sie sich im Texte vorfinden, weder Assonanz noch Reim aufweisen, aber leicht in Reime umzuwandeln sind.

6] So erscheinen gebunden: *semble*:*assemblée* 1579. Fast das ganze Stück — nur verhältnissmässig wenige Verse sind ausgenommen — besteht aus 8-Silbnern, und dieser Vers enthält 9 Silben:

J'ay ouy dire que l'assemblee.

Durch die Einsetzung von *s'assemble* für *l'assemblee* würde ausser der Form auch der Sinn der Strophe gebessert. Sie lautete dann:

> Et puis de moy que vous semble?
> Doy je point aller en l'armee?
> J'ay ouy dire que s'assemble
> En grant point et bien ordonnee;

Durch diese Emendation würde auch das *et* des letzten Verses, für welches die Herausgeber *est* vorschlagen, seine Erklärung finden.

7] Eine Silbe zuviel zeigt auch der Vers 3907:
> Et de ceulx qui sont prejudicians (: complices).

Hier dürfte eher *font prejudices* am Ende des Verses am Platze sein, zumal wenn man bedenkt, dass *s* und *f* in *sont* graphisch leicht zu verwechseln waren.

8] Ebenfalls 9 Silben zählt Vers 3691:
> Des nouvelles du tout a plaisir (: fin).

Richtiger ist jedenfalls für *a plaisir* zu setzen *a plain*. Dem Sinn wird nicht geschadet und Vers und Reim geholfen (*a plain* belegt 828. 834. 1069. 2365. 8408. 12000 etc.).

9] Eine Änderung ist ferner vorzunehmen mit Vers 3628:
> Que du coup nulluy n'est vante (-atum) (: vente -anito).

n'est vante ist zu ändern in *ne se vante (-anitat)*.

10] Vers 7327:
> Je croy que contant en serons (: Anglois)

lautete dem Sinn und dem Reime angemessener:
> Je croy que contant en seroient

(über das weibliche *e* in *seroient* cf. 181).

11] Im Texte heisst es Vers 6061:
> Mais vous leur devez bailler breves,
> De trois ou de quatre heures plaines
> Pour les corps prandre et enlever;
> Il ne vous peut estre grevés (-atos)
> Cependant parler vous devez.

Jedenfalls liegt es näher den letzten Vers lauten zu lassen:
> Il ne vous peuvent estre greves (-aves).

12] Dass in Vers 6419:
> Entre vous Francois, en injurant (: dures)

en injurant am besten geändert wird in *en injures* wird aus dem Zusammenhang der Strophe hervorgehen:
> Vous farces voluntaire ment
> Entre vous François, en injures;
> Mès ne demoura pas gramment
> Que congnoissiez vos forfaitures
> En nostre oust, sous (des) miracles dures,
> Que nous vous donrons voulentiers.

Durch diese Änderung verliert auch die Bemerkung der Herausgeber: *Supprimez 'en', ou prononcez 'ent'vous François'* ihren Sinn.

13] Dem Vers 9694:
> Et qu'il auront a toutes fins (: sont)

würde durch Umstellung von *a toutes fins* und *il auront* zum Reime verholfen.

14] Vers 10356:
> Et croy que on s'i doit fire (: varier)

ergibt einen Sinn und bekommt den Reim, wenn man für *fire* einsetzt *fier*.

15] Vers 15284:
> En conseil si bien disposee (: rose)

würde am besten lauten:
> En conseil elle bien dispose,

was aus der Strophe hervorgeht:
> Demander luy (a la pucelle) fault son advis.
> Et le faire sus toute chose;
> Qu'elle est plaisant en fais, en dis.
> Belle et blanche comme la rose
> En conseil elle bien dispose
> De guerre, qu'on ne pourroit mieux.

16] Vers 16094:
> Ou grans avoir y guaignerons (: aurez)

verliert nichts an seinem Sinn, gewinnt aber den Reim durch Einsetzung von *guaigneres* für *guaignerons*.

17] Vers 3403:
> Du trait qui pourroit survenir (: dedans)

ergibt einen Reim durch die Änderung in *Du trait qui seroit survenant*. Formen wie *soit vivant*, *estre semblant* kehren häufig wieder.

18] Weder Reim noch Assonanz lassen sich jedoch herstellen in den Bindungen: *presse: toust* 1503, *sont: prous* 12801, *tous: voulont* 17805. Dass vielleicht in den beiden letzten Fällen Assonanzen vorlägen, ist nicht anzunehmen; eine grosse Masse von Reimen zwingt uns für *sont* und *voulons* nasal. *o* in Anspruch zu nehmen; cf. 87 ff. Ebenso ist nicht an eine Assonanz zu denken in den Bindungen: *craindre : faire* 15554.

Wie schon im Vorwort der Ausgabe von O gesagt wird, ist dasselbe uns nur in einer Handschrift überliefert. Fehler, die sich etwa bei der Fertigstellung derselben eingeschlichen haben, konnten also nicht durch den Vergleich mit einer andern getilgt werden. Von T dagegen gibt es eine ganze Reihe von Handschriften. Wir finden dieselben beschrieben in Le Petit de Juleville's Buch: Les Mystères Paris 1880 II. 569 ff. Von der ältesten bereits 1484 erschienenen Ausgabe derselben liess Prof. Stengel 1883 eine Wiedergabe anfertigen (L'Istoire de La Destruction de Troye la Grant par J. Milet, Marburg 1883). Da es mir bei vorliegender Arbeit darauf ankommen musste, die Reime des Werkes einer genauen Prüfung zu unterwerfen, so verglich

ich gelegentlich meines Aufenthaltes in Paris die in der Nationalbibliothek befindliche älteste Handschrift (No. 24333) mit dem Druck und, wo die Texte abwichen, zog ich noch drei andere Handschriften (No. 1413. 1626. und 1625) zu Rathe. Schliesslich stellte mir Herr Dr. Greif aus Marburg noch die Copie einer Edinburger Handschrift, die er selbst im Laufe vergangenen Sommers angefertigt hatte, bereitwilligst zur Verfügung. Ich wurde so in den Stand gesetzt, eine ganze Anzahl von Verbesserungen betreffs des Reimes an dem Druck der Dresdener Handschrift vorzunehmen. Es sind folgende:

19[1]] Nach Vers 538 sind einzuschieben:
Rien suis garde se cest par vostre garde
Pour exione veul ce fait entreprendre. $\mathfrak{P}_1$

20] Vers 868 muss lauten:
Jupiter le grant dieu sequeure. $\mathfrak{P}_1$ $\mathfrak{E}$

21] Vers 1313:
Je metz ce fait cy en ta charge. $\mathfrak{P}_1$ $\mathfrak{E}$

22] Vers 1376:
Quant le feu est en la { quelongne $\mathfrak{P}_1$
                        coloigne $\mathfrak{E}$

23] Vers 1415:
Car quant ilz sont a lescremie. $\mathfrak{P}_1$ $\mathfrak{E}$

24] Vers 1559:
Plus sont blanches que nulles fees. $\mathfrak{P}_1$ $\mathfrak{E}$

25] Vers 2111:
Certainement il me plest mont. $\mathfrak{P}_1$

26] Nach Vers 2167 fehlt:
Par tous nos dieux comme je croy. $\mathfrak{P}_1$ $\mathfrak{P}_2$ $\mathfrak{P}_3$ $\mathfrak{P}_4$ $\mathfrak{E}$

27] Vers 2223 muss lauten:
Noble de forme parfectiue. $\mathfrak{P}_1$

28] Vers 2618:
A lui compagnons or amont. $\mathfrak{E}$

29] Von den Versen 3101-4 ist einer auszuscheiden. $\mathfrak{P}_1$ lautet:
Seigneurs it est dorenauant
Temps de retraire maintenant
Car de disner il est suison.
In $\mathfrak{E}$ fehlt Vers 3103.

30] Vers 4737 muss lauten:
Qui veult ouurer et longuement attendre. $\mathfrak{P}_1$ $\mathfrak{E}$

---

1) Der Kürze halber ist die Handschrift 24333 mit $\mathfrak{P}_1$, die Handschrift 1415 mit $\mathfrak{P}_2$, die Handschrift 1626 mit $\mathfrak{P}_3$, die Handschrift 1625 mit $\mathfrak{P}_4$ (schliessend mit Vers 8127), die Edinburger Handschrift mit $\mathfrak{E}$ (schliessend mit Vers 14279) bezeichnet worden.

31] Nach Vers 6732 sind einzuschieben:
Or il est temps que je mauance
De diligemment menaler
Et que mon chemin se commence
Sans plus longuement demourer. 𝔓₁ 𝔓₃ 𝔓₄

32] Nach Vers 6738 fehlt:
Sy veulliez entendre a mes dis. 𝔓₁ 𝔓₂ 𝔓₃ 𝔓₄ ℭ

33] Nach Vers 6783 fehlen:
Vous auez cy grosse assamblee
De bonnes gens
Qui sont tous expres a lespee
Et dilligens
Voz eurs sont bons comme je tiens
Par destinees
Apres les maulx vieuement les biens
Cest ma pensee. 𝔓₁ 𝔓₂ 𝔓₃ 𝔓₄

34] Vers 6963 muss lauten:
Noz vouloirs noz ceurs et nos armes. 𝔓₁ ℭ

35] Nach Vers 6985 fehlt:
Et voulons a vostre ordonnance. 𝔓₁ ℭ

36] Nach Vers 7083, der in 𝔓₁ und ℭ lautet:
Par glorieuse euidence
ist einzuschieben:
De nulle rien auant doubtance. 𝔓₁ ℭ

37] Nach Vers 7216 sind einzuschalten:
Calcas
Je vieng de Troye la jolie
Pour interroguer ses raisons
Patroclus
Nous sommes en ceste partie
Venus pour avoir ses respons
Calcas
Vous portez bien chere hardie
Et me sembles mult prudent hons
Se les eurs de troie ne sont bons
Du tout en tout je les regnie
Achilles
Nous sommes en ceste partie
Venus pour auoir les respons
Du dieu apollo si lauons
Tres joieux dont dieu je mercie. 𝔓₁ 𝔓₂ ℭ

38] Vers 7839-41 sind in folgende zu verändern:
Dieu gard le puissant roy huppon
Huppon
Beaulx seigneurs dieu vous doint sante
Ou alez vous
Sarpedon
Vers ylion
Glaucon
Dieu gard le puissant roy huppon

     Huppon
  Il fault que tous ensemble alons
  Se vous en auez voulente
     Philimenis
  Dieu gard le puissant roy huppon
     Huppon
  Beaulx seigneurs dieu vous doint sante. 𝔓₁ ₢

39] Vers 7940 muss lauten:
  Et sy auons terre et appartenance. 𝔓₁ ₢
40] Vers 8728:
  Et si en voy plusieurs mourir. 𝔓₁ ₢
41] Nach Vers 8748 sind einzuschalten:
  Et tres bien dire vous porrez
  Que cest tout par force de guerre. 𝔓₁ ₢
42] Vers 9818-21 sind dahin zu verändern:
  Sicheus dictes aux esquetes
  Quilz facent sonner les trompetes
  Car il est heure dassembler
  Et quon face gresles trembler *nach* ₢.

  Citheus dites aux seigneurs
  Quon face trompetes sonner
  Et le dites aux plus greigneurs
  Car il est heure dassembler
  Mon ostel et quon face trembler *nach* 𝔓₁.
43] Nach Vers 10070 ist einzuschalten:
  Or auant frappez hardiment. 𝔓₁ ₢
44] Nach Vers 10251 sind einzuschalten:
     Troillus
  Faulx traitre tu as mis a mort
  Mon tous doulx frere amphilaus
  Dont je suis en grant desconfort
  Pour ce quil nauoit que xx ans
  Et as fait morir des troyans
  Tres grant foison en ma presence
  Mais certes puisque je te tiens
  Tu en porteras la penitence. 𝔓₁ 𝔓₂ 𝔓₃ ₢
45] Nach Vers 10584 sind einzuschalten:
  Nous auons ja enseuely
  Vostre filz sire et acomply
  Son obseques bien deuement. 𝔓₁ ₢
46] Vers 10885 muss lauten:
  Que le faisons par couardie. ₢
47] Nach Vers 12361 sind einzuschalten:
  Je vieng a vous ma doulce amie
  Rempli de couroux et de pleur
  Si est raison que je vous die
  De quoy me vient ceste doleur
  Qui me fait entrer en langeur
  Innumerable et sans mesure
  Tout je unie eur et malheur
  Nul ne scet sa male aduenture. 𝔓₁ 𝔓₂ 𝔓₃ ₢

48] Nach 12385:
Lasse mon ami trealeal
Fault il doncques que je vous lesse
Las mon frere trop fistes mal
Trop fistes mal je le confesse
Quant par tres folle hardiesse
Trahites le bon roy de troye
Maintenant je suis en tristesse
Bientost survient doeul apres joye. 𝔓₁ 𝔓₂ ℭ

49] Nach 12409:
Or estes vous tout mon espoir
Tout mondesir tout mon soulas
Certes il me doibt bien douloir
Au departir et dire helas
Le dieu or ne scauoy je pas
Le desplaisir quauoir deuoye
Tout par vous mon pere calcas
Bien tost suruient doeul apres joye. 𝔓₁ 𝔓₂ 𝔓₃ ℭ

50] Vers 12429 muss lauten:
Mon doeul tout par moy passeray. 𝔓₁ ℭ

51] Nach Vers 13115 ist einzuschieben:
Quant lauez voulu gouverner. 𝔓₁ 𝔓₂ 𝔓₃ ℭ

52] Nach Vers 13664:
Pour vostre vouloir accomplir. 𝔓⁴ ℭ

53] Nach Vers 14480:
Elle soit bien toujours continuee. 𝔓₁ 𝔓₂ 𝔓₃

54] Nach Vers 14540:
Dont je suis soupris a toujours. 𝔓₁ 𝔓₂ 𝔓₃

55] Nach 14682:
   Basaac
Dame dites moy je vous prie
Ou pourray la reyne trouuer
   Polixene
Elle est en sa chambre jolie
Mais je voy a elle monter
Sy lui diray sans plus tarder
Quelle viengne en sa galerie
   Basaac
Dame dites moy je vous prie
Ou porray la reyne trouuer
Car je veul a elle parler
Mais quil ne vous desplaise mie. 𝔓₁ 𝔓₂ 𝔓₃

56] Nach Vers 14736:
va et lui dy quil viengne a moy
   Mathabrun
Je le feray chier sire roy
Puis quil vous plest le commander. 𝔓₁ 𝔓₂ 𝔓₃

57] Vers 14753 muss lauten:
Vous vous soies tresbien trouue. 𝔓₁

58] Vers 14763:
Mais non pourtant je scay de voir. ℋ₁
59] Vers 15049:
Voulentiers venez ca pucelle. ℋ₁
60] Nach Vers 15137 fehlen:
Puis que nous sommes cy endroit
Assamblez tres tous quatre ensamble. ℋ₁ ℋ₂ ℋ₃
61] Nach Vers 15809:
Sarpedon
Mon frere alons appertement
Nous armer il en est saison. ℋ₁ ℋ₂ ℋ₃
62] Nach Vers 15882:
Achilles
Or alez bien dilligement
Archilogus adieu vous dy. ℋ₁
63] Nach Vers 16216:
Ne soies recreant ce seroit villenie
Et vous iray tantost vous vray ce vous affie
Et si vous monstreray quauez fait grant follie
Sauoir mon frere amis dont jay mesancolie
Mais il sera vengie an leure de complie
Et par mes mains mourrez et ma force est salie
Car mon pere est trouble par toute la lignie
Or sa piteuse mort est leur joye finie. ℋ
64] Nach Vers 16526:
Mais je men reuois de present
Car je nay plus icy a faire
Et aucun en est content
Desplaise a qui voulra deplaire
Car je me veul maintenant taire
Et sy me veul partir dicy
Pour moy en ma tante retraire
Et pourtant adieu je vous dy. ℋ₁ ℋ₂ ℋ₃
65] Nach Vers 16863:
Pensez a moy ceur gracieulx
Et moy a vous toute ma joye. ℋ₁
66] Nach Vers 20534:
Sy fault que vous appareilliez. ℋ₁ ℋ₂ ℋ₃
67] Nach Vers 21089:
Diomedes respondez en
Comment vous ny entendes mie. ℋ₁ ℋ₂
68] Vers 21777 muss lauten:
Nous le ferons sil plaist incontinant. ℋ₁ ℋ₂
69] Nach Vers 22137 fehlt:
Et de vouloir venir armee. ℋ₁
70] Vers 22642 muss lauten:
Ha anthenor je scay de voir. ℋ₁

71] Die Verse 22851 und 53 müssen lauten:
Portant tant de doeul comme moy
Je cognois assez vostre foy. ₽₁

72] Nach Vers 974 fehlen:
Comment as tu tel pensement
De vouloir sy persuader
Au roy tresjure ueramment
Pour la paix aux grecs demander
Que ne la deuroit acorder
Se les grecz la lui demandoient
Et sy lauoit fait sans doubter
Jamais troyans honneur naroient. ₽₁ ₽₂ ₽₃

73] Nach Vers 23289 fehlt:
Vous les verrez tantost venir. ₽₁ ₽₂ ₽₃

74] Vers 24029 muss lauten:
Aultre plus gentil esciuer. ₽₁

75] Vers 24275:
Au coffre ne prouffite il point. ₽₁

76] Nach Vers 24581 fehlen:
Glaucon
Roy priam adieu vous commant
Veuillez en bongre recepuoir
Mon seruice car vraiement
Serui vous ay de mon pouoir
Et se je nay fait mon deuoir
Veuillez les faultes pardonner
Adieu vous dis jusquau reuoir
Plus ne puis icy sejourner. ₽₁ ₽₂ ₽₃

77] Vers 25972 muss lauten:
Quil est encontre vous courousse. ₽₁

78] Vers 26206:
Portesles dieux enmy les champs. ₽₁

79] Nach Vers 26553 fehlt:
Helene
Adieu madame
Hecuba
Adieu mamie
De pleurer ne me puis tenir. ₽₁ ₽₂

80] Nach Vers 26732:
Or auant mettes vous a voie
Tout maintenant que je vous voie. ₽₁ ₽₂ ₽₃

81] Der Vers 27600 ist zu verändern:
Je macorde puisquest ainsi.
Nach 27601 sind dann einzuschieben:
De cest besongne icy
Tenrray a ce quil ordonneront. ₽₁

82] Die Verse 27866 und 67 sind umzustellen.

83] Vers 27966 muss lauten:
Et moy aussy sans demourance.

84] Die Zahl der Reime, aus denen hervorginge, dass *l* und *r* an zweiter Stelle der Consonanz verstummt wäre, beschränkt sich auf einige wenige; cf. 183 u. 185.

85] Weiblich *e* ist ebenso in 𝔗 verstummt, wenngleich die Fälle seltner sind als in 𝔇; cf. 181. Emendationen sind an 𝔗 fast gar keine vorzunehmen.

86] Für Vers 27837:
Vous fuciez aux troiens deffendre (: demourance)
liegt die Änderung des *deffendre* in *deffence* sehr nahe.

87] Als einzige Assonanz bleibt übrig: *philosophes* : *escolle* 15693.

88] Eine Bindung, die weder Assonanz noch Reim ergibt, ist: *venge* : *couraige* 27792.

89] Vergleichen wir diese wenigen Fälle mit der grossen Anzahl von Bindungen ohne Reim, die wir in 𝔇 antrafen, so muss es ins Auge springen, dass der Dichter von 𝔗 viel mehr Sorgfalt auf sein Werk verwandt, als der von 𝔇.

90] Ausser diesen Fällen, die für 𝔇 und 𝔗 aufgezählt wurden, erlitt der Reim in beiden Stücken keine Beeinträchtigung, und so bleiben eine grosse Masse von Reimen übrig (𝔇 enthält 20529 und 𝔗 27984 Verse), die uns genügend Gelegenheit bieten, in die Sprache der Stücke einzudringen.

91] Bei der nun folgenden Grammatik der Reime schien es zur besseren Vergleichung der beiden Mysterien rathsam, beim Vocalismus von der französischen Sprache auszugehen, beim Consonantismus aber, der sich hier reichlich soweit entwickelt hat als in der heutigen Sprache, von dem Lateinischen anzuheben und zu zeigen, welche Consonanten, zum Teil sogar abweichend von dem Neufranzösischen, schon damals verstummt waren.

B. Grammatik der Reime.

I. Betonte Vokale.

Französisches *a*

92] = lat. *a^cc*.
(*erweichtes i + t*) plaira : deja : la : va (-adit) 𝔇 15198. va : deça 15234. va : lachu 16414. — va : vouldra 𝔗 1994. va : passa 3630.

93] = lat. *e^cc*.
(*r + Cons.*) Fouquemberge : saige 𝔇 2096. Fouquemberge : passaige

4973. controverse : place 2594. (echappe : place 12678). pars : expers 4470. terme : larme 13125. terme : ame 11509. terme : gendarme 13123. perte (-*erditam*) : parte 5352. perte (-erdo) : garde 10582, 11204. termes : armes 8677, 13069. boulonrt : part 2242, 2290, 2657, 2709 etc. — retarde : perde 𝔗 537. garde : perde 9604. lermes

(-acrimns) : termes 12242. pars:travers 15657. parte : perte 21688.
(*mn*) Johanne:condampne ☽ 17452. ame : femme : blasme 4377. — infame : femme ♃ 412, 3132, 3494.

94] = lat. i^{cc}.
(*rm*) Chabannes : fermes ☽ 8104, 10905. fermes : armes 8680, 13067, 16195. — ♃ *fehlt*.

95] = lat. o^{cc}.
dame : ame ☽ 3450, 11509, 15209. — madame: fame ♃ 4200. dame: femme 1582, 2120, 11622 etc.

Französisches *é*
96] = lat. ae^c.
(*c*) entendez: grecs ♃ 1088. grecs: segretz 7262. grecs : aprestes (-atos) 26260. — ☽ *fehlt*.
(*r*) requier (-aero) : mener ♃ 5734. — ☽ *fehlt*.

97] = lat. a^v.
(*l*) escoutez : savez : immortelz ♃ 11283. mortels : presentez 19823. — Über é *in* -atis *cf.* 97 (*t*). — ☽ *fehlt*.
(*r*) visiter (-are) : debilite (-atum) ♃ 16617. maintenez (-atis) : nez (-atum) : habiliter 3938. confermez (atos) : esmerueiller I, 217. mer : aprester 492, 918, 2000, 3868, 4201, 8076. cher : despescher 1605, 16763. — Für ☽ *cf.* è 101 (*r*).
(*t*) diray : delibere ☽ 1921, 4423, 12149, 14740, 15168. scay:trespassé 3494. diray : gré 6078. fidelite : entalante 255, 1827, 1864, 4206. — maintenez (-atis) : nez (-atum) : habiliter ♃ 3938. arrivez (-atos) : privez : mande (-atum) 7958. confermez (-atos) : esmerueiller : singulier 219. (assemblee : megenye 2857. -utam : -itam *oder* iam 3678, 5462, 9760, 12723, 23671).

98] = lat. a^c (+ nachton. e^v).
(*b*) diray : delibere *cf.* 97 (*t*) ☽.
(*p*) scay : trespasse ☽ 3494. diray : gré 6078.
Über è *in* -abeo *für* ♃ *cf.* 102 (*b*).

99] = lat. e^u.
(*d*) pié : fié ☽ 8846.

Französisches *è*
100] = lat. a^v.
(*e*) faire : aire : chiere ☽ 782. — aire: desplaire ♃ 1890, 6996, 7194.

101] = lat. a^c.
(*l*) telle : pucelle ☽ 7159. telles : celles : cautelles 3945. — belle: telle : merveille : pareille ♃ 2968.
(*r*) vouloir: guerroyer ☽ 268, 4281, 4628, 9675, 10047, 10125. voir : approcher : rois 5233, 14602, 14647. affaire : amere 5281. — mere: amere ♃ 1941.
Über é *in* -are *cf.* 97 (*r*) ♃.
Über è *in* -oir (-ēre), -ois (-eges) *cf.* 107 ☽ & ♃.
(*v*) griefs: plaist ☽ 3737. — ♃ *fehlt*.
(*t*) avoir: soyez ☽ 4354, 4630, 6570, 10536, 19166. avoir : recouvrer : assez : parfacez 20040. enterrer : Crois : penser: detroussez (-atos) 8830. prisonnier : gardez (-atos) subjectz : sanglier 17636.
Über è *in* -ēre *cf.* 107 (*r*), ois (-ucem) *cf.* 115.
Für ♃ *cf.* é 97 (*t*).

102] = lat. a^c (+ nachton. e^v).
(*b*) moy : croy : pourray ♃ 345, 12427. -- Für ☽ *cf.* 98.
(*c*) paix : james ☽ 19221. paix : faiz (-actos) 12030. plaist : est 19342. — faiz (-actos) : paix : souhais ♃ 4175. faiz : taiz (-aceo) : souhais 10789.
(*d*) voise (-ndeat) : est : plaist ♃ 236. — ☽ *fehlt*.
(*h*) retraire : vitupere : faire : maniere ☽ 3037. retrayent : fortifﬁroyent 20133. — necessaire : faire : desplaire : retraire ♃ 2698.
(*p*) diray : scay : ui : delay ♃.
Über è *in* -abeo *cf.* 102 (*b*) ♃.
Ueber é *in* -abeo *cf.* 98 (*b*) ☽.

103] = lat. a^c (+ nachton. *i*).
(*r*) maniere : requerre ☽ 10723. espere : riviere 12301. maroniers :

fiers : prest : expres 499. requierent : prieres : gueres : frontieres 19252. — prisonniere : maniere : terre : guerre ℨ 2888. pere : planiere 8033.
  (*g*) braire : frontiere : affaire ☽ 12413. est : desormais 948. — faiz : mais ℨ 3709. — maistre : pestre ☽ 17012. maistre : cognoistre : fenestre 3516. — dextre : maistre ℨ I. 235. congnoistre : maistre 21048. fraiz (agiles) : pres 10281.
  (*s*) desplaise : malaise ☽ 1664, 3289, 7414, 13701 etc. — baise : aise : plaise : aise ℨ 1782. plaise : aise : treize 10879. droit : mauvoit (-*asium) : estoit : endroit I. 255.
  (*c*) menuoys (-ēbam) : faiz (-acio) : gregois : destroys ℨ 1886. — ☽ *fehlt.*

104]   = lat. a^c.

(*erweichtes c*) vray : effroy ☽ 3697, 4357. vray : desarroy 14861. vrays : roys 2905. joye : voye (-inm) : donroye : vraye 2973, 4171, 4261, 7064. (delivray (-atum) : vray 13025 *vereinzelt*). — feray : vray ℨ 551, 6393, 7272, 11230. vray : croy (-ědo) : destruiray 12961. (gregois : voys (-īdeo) : crois (-ědo) : foys 1160. François : congnois : recouveroys 3821).

105] = lat. a^{cc} (erweicht. Gutt. + Cons.).

(*cl*) murailles : necessaire ☽ 2303. batailles : ventrailles 7291. conseil : travail 8870, 13762. (principal : travail : mal 17987). — conseil : traveil : vermeil ℨ 1004. traueil : conseil 6037.
cf. Thurot (*De la prononciation française depuis le commencement du XVI. siècle, Paris 1881*) *pag. 327 ff.*

(*cr*) requerre : faire ☽ 10698. noire : faire 10698. complaire : faire : debonnaire 4143. (faire : batre 3657 *vereinzelt*). — debonnaire : faire : croyre : oratoire ℨ 7199. contraire : faire 3990. parfaire : repaire (-atrium) 948. debonnaire : desplaire 1890.

(*cs*) lesse (-axat) : presse ☽ 15277. — diesse : lesse : apresche : presse ℨ 1050.
  (*ct*) sait : meffait : sembloit ☽ 14852. fait : jaymes : plaist : exprest 18328. seroit : vouloit : emporteroit : extrait 1654. trompete : retraite : guiecte : directe 19572. faiz (-actos) : fais (-ascem) 11169. trompetes : faites 2347. — amourectes : sagettes : nectes : deffaictes ℨ 9547. faiz (-actos) : mais 3709. faiz : paix 4172. faiz (-actos) : faiz (-acio) : taiz : souhaitz 10791. palais : faiz 110.

106]   = lat. e^v.

(*e*) moy : roy : croy : delay ☽ 14502. — moi : pourray ℨ 345. oubliray : moi : vray 12432.

107]   = lat. $\bar{e}^v$.

(*b*) seroit : vouloit : emporteroit : extrait ☽ 1654. pourroit : est 1560. vouloit : fait 12070. deffait : estoit 13855. parfait : grevoit 14702. sait : meffait : sembloit 14852. doubloient : assaillent 20173. delay : doy 14614. moy : doy : croy : Roy 8114. — droit : mauoit (-*asium) : etoit : endroit ℨ I. 255. menuoys (-ēbam) : fais (-acio) : gregois : detrois 1866. doy : moy 15938.

(*d*) vray : desarroy : croy : foy ☽ 14864. — demourray : vray : croy : destruiray ℨ 12961.

(*g*) esmoy : soy : roy : foy : croy ☽ 798. Roy : delay : desroy : esmoy 3285. roy : esmoy : delay : voy 7202. roy : dolay : croy : doy 14614. — roy : moy ℨ 58, 123, 3801, 4469, 12858.

(*l*) telle : querelle : rebelle : crudelle ☽ 4697. revelle : crudelle 18448. nouvelles : infidelles 8002. — belle : querelle ℨ 13087. querelle : elle 10739

(*n*) Magdalene : demaine : peine : villaine ☽ 4881. peine : aleine : domaine : souveraine 5257. aleine : certaine 20101. — Athenes : enseignes

𝔗 5956. helene : pleine : peine : ameine 3010. peine : souveraine : helene : alaine 3138.

(*r*) Severe : espere : Loire : memoire 𝔇 3861. bergiere : mere : afaire : voire (-ēram) 1234. — mere : amere : desespere : vitupere 𝔗 1944. croire : voire (-ēram) : espoire : memoire 6381.

(*s*) trois : provois : crois : vois 𝔇 7250. — trois : rois : fois : destrois 𝔗 4586. (Villars : Coras : gasconnois 1740, pus : trois 14047 *und* pris : trois 1812 *stehen zu vereinzelt in* 𝔇, *um etwas zu beweisen*).

(*t*) secret : scet 𝔇 10466. pensoye : voye : coye (-ētam) : devroye 11413. trompete : retraite : guiecte : directe 19572. trompetes : nectes : faites : estes 2319. trouverrez (-ētis) : achever 128, 418, 460, 530 etc. retournez (-atis) : gouvernerez (-ētis) 1612. — *Über è in -are cf.* 109 (*r*) 𝔇. — mais : ferez (-ētia) 𝔗 2061. jamais : comparrez 20679. apres : irez 6725. verrez : pres 12898, 26537. vendrez : prestz 998, 15751. secourrez : prestz 3844. vouldrez : prestz 4623, 7778. requerrez : achilles 12124. diomedes : jurerez 26213. (anchises : pres 100). (*Ueber é in -atis cf.* 97 (*t*) 𝔗. *Ausnahme*: suiuez : prez 15734).

(*v*) treve : breve 𝔇 6121, 6271. – 𝔗 *fehlt*.

108]   = lat. e^{cc}.

(*ct*) trompete : directe 𝔇 19572. promesse : adresse 18986. Francois : drois : cognois : vois (-ēre) 7118. *(Ueber è in -ēre cf.* 107 (*r*) 𝔇). — subjetz : Palamides 𝔗 8239. noblesse : adrece 896. endroit : mauoit (-*asium) 252.

(*dc*) plaise : aise : treize 𝔗 10879. — 𝔇 *fehlt*.

(*dr*) retraire : faire : memoire : acroire 𝔇 6432. semetiere : contraire : croire 18216. — debonnaire : faire : croire : oratoire 𝔗 7199.

(*gn*) villaine : regne : paine : germaine 𝔗 709. — 𝔇 *fehlt*.

(*ll*) pacelle : pastorelle 𝔇 7151. pucelle : elle : merveille : elle 15274. nouvelles : rebelles : infidelles 8002. — pucelle : elle 𝔗 606, 1952, 2905. agnel : nouvel : pel : bel 7009, 7114. belle : nouuelle : appelle : chapelle 2129.

(*ns*) Françoys : congnois : recouveroys 𝔇 3821. — gregois : harnois : mois : mouuoir 𝔗 5527. (vray : avoir 14765).

(*rr*) terre : guerre : requerre : erre (iter) 𝔇 527. — terre : querre 𝔗 261. prisonniere : terre : guerre 2888.

(*sbtr*) dextres : maistres : orbalaistres : prestres 𝔗 2512. — 𝔇 *fehlt*.

(*ss*) est : expres : faiz : plaist 𝔇 1177. presse : opresse : cesse : destresse 16458. — tristesse : blesse : cesse : destresse 𝔗 4351. hardiesse : laisse : appresche : presse 1050. anchises : pres 100, 972. dextre : estre 137.

(*st*) pourroit : est 𝔇 1560. plaist : expres : est : prestz 2623. retraicte : teste 16382. faictes : estes 2349. — est : plaist 𝔗 236, 746, 2105. prestz : apres 1767.

(*str*) maistre : congnoistre : fenestre : destre 𝔇 3517. — 𝔗 *fehlt*.

(*tr*) parfaire : victoire : retraire : derriere 𝔇 18820. pierre : verre 16407. (pierres : quarres 16332). — derriere : maniere 𝔗 2240. pere : maniere : arriere 5126.

(*xtr*) dextre : senestre : champestre : estre 𝔇 20182. — dextres : maistres : orbalaistres : prestres 𝔗 2512. dextre : estre 1369, 4118, 18831.

109]   = lat. *ī*°.

(*a*) joie : voye (-iam) : donroye : vraye 𝔇 2937, 4256. voye : coye : voye (-ideut) 2565. soye (-*iam) : pourroye 14407. envoye : vraye 7064. remediscient : voyent (-ias) : feroye 18302. — droit : soit 𝔗 94. (droit : mauuoit (-*asium) 252). (etoit : endroit I. 255). voye : menuoye 309, 3244, 4743.

110] = lat. ľᶜ.

(c) savoye : voye : emploie (-ico) ☽ 8290. aultrefois : vois (-ēre) : pois : vouldrois 17099. harnois : Francois : foys : estoys 19213. foiz : Anglois : croys (-edo) : mois 5337. — destroys : crois : foys : aincois : harnois ☓ 55. troys : roys : fois (-ices) : destrois 4586.

(d) vray : desarroy : croy : foy (-idem) ☽ 14864. roy : esmoy : delay : voy (-ideo) 7202. quoy : croy 6384. confesse : lyesse 9630. aise : voise (-ideat) 12206. aillent : voisent 9615. — voit (-idet) : soit : vouldroit ☓ 779. moy : croy : voy (-ideo) : ottroy : roy 3801. moy : quoy : croy : concoy (-ipio) 2662.

(n) mayne (-inat) : demayne ☽ 3678. — maine : peine ☓ 766, 4640.

(p) moy : croy : concoy (-ipio) ☓ 2662. — ☽ fehlt.

(t) scet : fait ☽ 8062. noblesse : confesse 445. -- noblesse : adrece ☓ 896. deesse : richesse 1536. tristesse : blesse : cesse : destresse 4351. deesses : richesse 1536. angoisse : viellesse 22264.

111] = lat. ľᶜᶜ.

(cl) pucelle : elle : merveille ☽ 15272. merveille : pareille 18104. — pareille : telle ☓ 2968. pareille : conseille 1204, 2137, 2968 etc.

(ct) destroix (-ictos) : reculleroit (-ēbant) ☽ 2717. fait : destroit 7034. destrois : estoient 8858. — menuoys : fais (-ascem) : gregois : destrois ☓ 1886.

(lj) conseil : appareil ☽ 1115. Über è in -*iculum cf. 111 (cl). — conseille (-ilio) : pareille ☓ 1204. Über è in -*iculam cf. 111 (cl).

(gd) vray : effroy ☽ 3697. — ☓ fehlt.

(gl) muraille : veille (-igilat) ☽ 7552. Über è in -*aculam cf. 105 (cl) ☽. — ☓ fehlt.

(gn) Athenes : enseignes ☓ 5956. — ☽ fehlt.

(gr) espere : Loire : memoire ☽ 3861. Loire : frontiere 14978. noire : maniere : requerre 10723. — noir : decepuoir ☓ 15605.

(gt) roy : croy : doy (-igitum) : foy ☽ 1375. Ueber è in -edo – egem cf. 107 (d) (g) und 110 für -idem. — ☓ fehlt.

(ll) pucelle : elle : jouvencelle : ancelle ☽ 10449. pastorelle : celle 7152. — belle : elle : pucelle ☓ 606, 794, 2281.

(pr) recevoir : decevoir : voir : interroger ☽ 10125. Über è in -are cf. 101 (r) ☽. — noir : decepuoir ☓ 15605.

(ps) mois : Englois : aincois ☽ 3837. — gregois : destrois : crois : foys : aincois ☓ 54.

(str) fenestre : estre : senestre ☽ 3083. dextre : senestre 20129. — ☓ fehlt.

(tr) pierre : verre : terre ☽ 16408. — ☓ fehlt.

112] = lat. oᶜ.

(erweichtes c) vois (ocem) : Englois : convois ☽ 9544. — voix : roys : foiz : croys (-edo) ☓ 5674.

(j) Troye (ojam) : pourroye : sanuoye : laye ☓ 2791. — ☽ fehlt.

(l) vueil : conseil ☽ 11297, 17451. — veil : deul ☓ 713. veil : oeil 5838.

113] = lat. oᶜ (+ nachton. i).

(l) dueil : (merueille : traveille) : veil ☓ 710. vueil : dueil ☓ 6633, 10270, 23170. — ☽ fehlt.

(pj) hardiesse : laisse : appresche presse ☓ 1051. (Über appresche cf. ☽ 139 (pj) reprochent : marchent 20161).

(r) espere : Loire : memoire ☽ 3861. notoire : voire : contraire 4609. voye : octroye (-oricat) : prouvoye 14276. — croire : voire (-ēram) : espoire : oratoire ☓ 7199. croy : voy : ottroy : roy 8801.

114] = lat. o^{cc} (erweichtes c + Cons.).

(sc) Francois : congnois (-osco) : recouveroys ☉ 3821. crois : bois : congnois: Anglois 1705. — boys: fois ☥ 1510. voys (-ado) : boys 7591. *Über è in -*icem cf*. 110 (c).
(cl) vueil: oeil ☥ 5838, 8648, 23175. — ☉ *fehlt*.
(scr) cognoistre : maistre ☉ 3514. congnoistre : aparestre 6265. estre : congnoistre. — cognoistre : maistre ☥ 21048.

115] = lat. u^c.

(c) doit : croix (-ucem) ☉ 2714. — ☥ *fehlt*.

116] = lat. u^{cc}.

angoisse : viellesse ☥ 22266. — ☉ *fehlt*.

Französisches *i*
117] = lat. $\bar{e}^c$.

(d) remercye : courtoisie : jolye ☉ 468. remercye: vie 1603. luy: mercy : hardi 918. — mercye (-ēdo) : amye ☥ 30295, 5759. mercys (-ēdem) : trahis 8441. demy : luy : mercy : prie 3522.
(j) pris : pis (-ējus) : conquis : pris ☉ 2592. paradis : anemis : dis: pys 348. — pays: amis: unis: pis ☥ 2356. dire : souspire : pire 4151. eslire: pire 5763.
(r) dire : cyre ☉ 137, 9655. sire : cyre 3099. tenir : plaisir 6854. desplaisir : sailliz : perilz : venir 9885. secourir : tenir : chariz : faillir 6978. — venir : acomplir ☥ 13642, 13526. plaisir : maintenir : venir 12694.

118] = lat. $\bar{e}^t$.

(c, g) mercy : espye : pry (-ĕco) ☉ 3439. partie : prie 70, 419, 460, 1428, 1488 etc. prient:requis 9474. *Über weibl. e in prient cf*. 181. — mye :

prye (-ĕco) ☥ 273, 609, 1019, 1888, 5760. mye : amye : nye (-ŭgo) : dye 3080.

119] = lat. e^c (+ nachton. i).

(s) eglise : nuyse : entreprise : guise ☉ 2157. eglises: nuyse (-ocent) 2246. — ☥ *fehlt*.

120] = lat. e^{cc} (c oder g + Cons.).

(dc) dire : myre ☥ 10047, 10222. — ☉ *fehlt*.
(cs) mis : occis : six ☉ 7760. — filz : pays : six : amis ☥ 9299.
(ct) dis : desconfis (-ectos) ☉ 8963. dit : prouffiit 9394. suffist (-ēcit) : dis 7270. — dit : prouffit : vit (-idit) : conduit ☥ 1447. escript : respit : despit 6675. dit(-ictum) : fist (-ecit) 487.
(gr) produire : eslire ☉ 18266. — eslire : pire ☥ 5763.

121] = lat. e^{cc}.

(nr) Sire : dire ☉ 9047. desire : dire : sire 9722. — dire : sire : martire ☥ 3323, 4484.
(ns) pays (-*ensem): anemis ☉ 211, 765, 775, 916, 1134, 1313 etc. suys : entrepris (-ensum) : pays 336. pris (-ensum) : advis 2593. devises : vaillantises : entreprises 7464. — pris (-ensum): pris (-ētium): gentilz : pays ☥ 10870. pays : mis 83; 1484, 1748. pris (-ētium): perilz: amplis : reprins (ensos) 1432.
(sc) sacriffice: office : nice (-escium) : propice ☥ 6930. -- ☉ *fehlt*.

122] = lat. i^v.

(a) mye : villanie ☉ 419. six : folies 7762. compaignie : vie : prie : mie 1483. compaignie : vie : mie : affie 8954. — asie : navire ☥ 26666. vie : follye 665. restablie : enuie : assaillye : dye : vie : melodie 15. *Über r in navire cf*. 184.

123] = lat. *i*ᶜ.

(*b*) villenie : y ☥ 7405. y : hardy 8158. — ☽ *fehlt.*
(*c*) luy : mercy : dy ☽ 920. Sallebry : luy 3314. luy : oubly 3298. mie : affie : artellerie 3941. mye : accomplie : dye 1269. dis (ico) : amis : soulzmis : compris 6128. die (-icat) : partie 68. dis (-icis) : esbays : gentilz 3459. dis (-icis) : suis : puis 15484. distes : fantastiques : licites 7216. propice : contredise 14662. — amy : prie : supplie : puis ☥ 1878. mercy : icy 12, 5212, 6026, 6090 etc. compaigne : mye 178, 383, 318, 1150, 2646 etc. ditz (-ico) : ditz (ictos) 8488, 11827. puis : ditz (-ico) : filz : ennemis 5050. ditz (-icis) : ditz (-ictos) 3853. dye (-icat) : mocquerie : couardise : follye 10887.

(*d*) compaignie : prie : affiie ☽ 3013. mye : affie 1543. filz : jadis : vis : advis 10601. advis : vis (idi) 2873. — mye : affie ☥ 497, 612, 818. paris : prie : puis : vis (idi) 3166. dit : prouffit : vit (idit) 1445. oyt : evanouyt : perdit : vit 1511.

(*l*) entrepris : lyz (-ilios) ☽ 337. mille : habille 1717. soubtiz : occiz 8930. — gentilz : traictifz ☥ 2600. amis : entrepris : paris : soubtilz 6217. puis : ditz : fils : ennemis 5050. pris (-etium) : filz 214.

(*n*) divine : indigne ☽ 17688. signes : ruynes 15911. Katherine : digne 10569. — digne : racine ☥ 183, 25399. 26852.

(*r*) dire : ire : martire ☽ 12891. assaillir : plaisir : desir : ferir 6672. — dire : ire ☥ 668, 872. dire : sire : obeir 4486. dire : sire : martire 3323. dire : souspire : pire 4151.

(*s*) entreprise : devise : advise ☽ 1149. advis : soubmis : pris 109. devises : vaillantises : entreprises 7464. Paris : rejouyz 8927. — mocquerie : couardise ☥ 10885. paris : filz : apris : advis 3022.

(*t*) saillie : prie ☽ 8531. acquitte : licite 1657. cheriz : faillir 6978. Paris : ententis (-itos) : petis (-*ittos)

(Bechar).

8056. — vie : follie ☥ 665, 1112, 3957, 4874, 6594. oys (-itum) : ditz 8506. obly : il (-illum) 8821. merite : escripte 212. nourris : jolis 2046.
(*v*) hardie : mie ☽ 4463. suyve : prive : baillive : vive 3425. entantis : suppellatis 6102. — Paris : hardis (-ivos) ☥ 864. tardive : suive 12469. soubtil : craintif 9439.

124] = lat. *i*ᶜᶜ.

(*br*) vivre : delivre ☽ 6585. dire : escripré 12802. — nuyre : contredire : descripre : ire ☥ 2690.
(*cl*) luy : pery (-iculum) : dit : prouffit ☽ 9394. plaisir : peril : obeyr : secourir 12589. — ditz : perilz : vifz : anglotis ☥ 3641. mis : perilz 4335.

(*cr*) dire : pire : mesdire ☽ 1589. Sire : escondire : detruire 9048. — nuyre : contredire : descripre : ire ☥ 2690.

(*ct*) dictes : merites ☽ 11586. diz (-ictos) : anemis 2124. dis (ico) : diz 10345. dit (-ictum) : prouffit 10094. — escripte : reddicte ☥ I. 280. produictes : dictes 8426. dit (-ictum) : prouffit : vit : conduit 1447. ditz (-ictos) : pais : suis : apprins 1648.

(*dr*) rire : martire ☽ 12045. faillir : desir (-idero) 14460. contredire : desire (-iderat) 9714. — desire : ire ☥ 8495.

(*gn*) signes : ruynes ☽ 15911. divine : indignet 17688. — signe : racine ☥ 183.

(*ll*) ville : mille : euvangille ☽ 1715. ville : feitille 1731. — ille (insulam) : ville ☥ 7980. il (illum) : luy 7804.

(*nr*) sire : dire ☽ 664, 3091, 3270, 3297, 3615 etc. — dire : sire : martire ☥ 3323.

(*ns*) Lisle : habille ☽ 6225. — ille : ville ☥ 7980.

(*pt*) escript : respit ☥ 6674. escripte : reddicte I. 280. ditz : advis : puis : escriptz (-iptos) 3423. — ☽ *fehlt.*

(*sc*) dis (-icis) : esbays (-*isco) ☽ 3458. assorty : suy : cy : dy 3605.

2

amis : transis 8774. — party (-*isco)
: mercy 𝔗 978.
(ss) mis : occis 𝔇 7759. entreprise
: soubmis : pris 9016. prise : mise
6200. puisse : acomplisse : propice
14660. — ennemis : gentilz : mis :
perilz 𝔗 4335. mise (-issam) : conduise 1404.
(st) conduit : Antecrist 𝔇 18147.
— 𝔗 fehlt.
(vr) vivre : delivre 𝔇 6385. —
𝔗 fehlt.

Französisches *ui*
125] = lat. *î°*.

(t) (*dem ein u vorausgeht*) mynuyt:
bruit (-[ug]ītum) : dit 𝔇 17314.
meshuit : bruyt : duyt 15726. —
mynuit : nuyt : bruit 𝔗 2361. bruit
: meshuit : desconfit 8768.

126] = lat. *o*ᶜᶜ (*c* + Conson.).

(cr) suffire : nuyre : conduire : dire
𝔇 8362. produire : dedire : nuyre
19028. — nuyre : contredire : descripre : ire 𝔗 2690.
(ct) dit : mynuyt : bruit 𝔇 17314.
meshuit : bruyt : nuyt : duyt 15726.
— mynuit : nuyt : bruit : desduit 𝔗
2368.

127] = lat. *o*ᶜ (+ nachton. *e*
resp. *i*).

eglise : nuyse (-ocent) : entreprise
𝔇 2155. advise : nuyse 16653. luy
: servy : ennuy (-odio) 4233, 4860.
bruit : meshuit : desconfit 8768. —
nuyse : guise 𝔗 6851. ennuye (-odiat)
: vie : follie : felonnie 667. meshuy
: puy (-*oteo) 2408.

128] = lat. *o*
(*dem ein i angetreten ist*). pays
: anemis : puis (-ostea) : devis 𝔇
14270. pays : depuis 15215. diz :
pays : puis (-ossum) 9132. — pays :
soubzmis : puis (-ossum) 𝔗 1262. puis
: advis 1651.

129] = lat. *u*ᵃ.

(c) conduie (-ucat) : lye : jolie :
hardie 𝔇 539, 850, 11544. — compaignie : conduye 𝔗 9929. conduie
: amy 10370.

130] (*m*) pays : puis (-ossum) : suys
(-um) 𝔇 9134. acomply : suy 10459.
suis : entrepris 334. suis : puis (-ossum)
10617. — puis : suis 𝔗 1264. pais :
suis 1648. suys : filz 1363. — (*Das
ui in suys eine Analogiebildung an
puis (-ossum).*)

131] = lat. *u*ᵉᶜ (*c* + Cons.).

(cr) produire : nuyre 𝔇 19028.
conduire : produire : martire : sire
12541. — dire : conduire 𝔗 1527.
(ct) bruit : produit 𝔇 15894. conducte : poursuite : producte 1658.
maudite : inducte : producte : soubite 12445. Antecrist : conduit (-ucit)
1814. — dit : prouffit : vit : conduit
𝔗 1447. bruit : desduit 2363. escripte
: merite : conducte 213.

Französisches *o*
132] = lat. *au*ᶜ.

(s) chose : rose 𝔇 7134. choses
(-ausas) : ose (-*auso) : suppose :
proppose 2653. — rose : suppose :
chose 𝔗 11333. oses (-*ausas) : proposes : choses 625.

133] = lat. *au*ᵉᶜ.

(dr) chose : enclorre : suppose :
ose 𝔇 4889. — 𝔗 fehlt.
(rd) mort : fort : ort (-auridum) :
rapport 𝔇 3469. — 𝔗 fehlt.

134] = lat. *a*ᵒ.

(*l*) chault : fault : cault : vault 𝔇
9646. loyaulx : maulx 3118. — maulx
: haulx 𝔗 3436. haut : vaut 155.

135] = lat. *a*ᶜᵘ (+ nachton. *o*).

(*bl*) Vignoilles : parolles 𝔇 6108.
— parolles : frivoles 𝔗 6478.

136] = lat. a^{cc} (*ll* od. *l* + Cons.).
chevaux : vault (-alet) : vault (-alles)
: chault ☉ 19155. aussault : deffault
: fault : chaux 2301. deffaulte : haulte
14442. autre : nostre 16031. — fault
: assault ℑ 3317, 4337. autre : vostre
6460.

137]   = lat. e^{cc}.

(*ll*) beau : nouveau : rossigneau :
joyau ☉ 766. eaux : morceaulx 12504.
Jargueau : eau : preau : aignau 1231.
Portereau : eau : yoyeau : beau 2029.

In ℑ reimte diese Endung mit keiner
anderen; eine Vergleichung war daher
nicht möglich; jedoch mögen einige
Bindungen angeführt werden, weil
durch die Schreibung der Endung
(welche erstere sonst gar nichts be-
weisen will) doch für die Aussprache
dieser Endung etwas von Belang
geboten wird. Wir finden für -ellum
geschrieben eau, *s. B.* penonceau :
chapeau 8166, penonceau : preau
7830, beau : tableau 1338 und el in
aignel : bel : nouuel : pel 7117, 7009,
chastel : bel : nouuel : babel 2924.
Aus diesen Bindungen möchte hervor-
gehen, dass das e von -*ellum (-eau
und el) noch lautete. cf. Thurot
pag. 434 ff.; vergl. auch hierzu 108
(*ll*) ℑ.

138]   = lat. o^e.

(*k*) Facetot : estoq ☉ 5516. — ℑ
fehlt.

(*n*) personne : nonne : somme :
besoigne ☉ 7825. personne : bonne
8085. personne : groigne 4042. —
abandonne : personne ℑ 481.

(*r*) dehors : rapport : corps : fort
☉ 3493. — corps : dehors ℑ 2612.
corps : mors : hors : fors 6509. Hector
: cor (ornu) : encor 6405.

(*s*) chose : close : suppose : ose
☉ 9294. chose : rose 7134. — dos
(-orsum) : suppostz : devotz : os
(-oss*os) ℑ 4415. repose (-osat) :
rose : suppose : chose 11333.

(*t*) Tallebot : rapport : mort : sort
☉ 3413. — dos : suppostz : devotz
(-otos) : os ℑ 4415.

139]   = lat. o^{cc}.

(*lv*) nostre : oultre : soudre : (ol-
věre) : vostre ℑ 5785. -. ☉ fehlt.

(*cc*) touche (-occat) : approche :
poche : moche ☉ 10677. (aprochent
marchent 20061). Über Aussprache
von aprochent cf. 147 (*pj*) ☉. — Für
ℑ cf. 113 (*pj*).

(*llc*) aproche : couche ☉ 19544. —
Für ℑ cf. 113 (*pj*).

(*mm*) comme : Vendosme ☉ 19080.
— ℑ fehlt.

(*mnj*) omme : consonne : somme
(-omnium) : forme ☉ 7050, 7203. som-
mes : sompnes 8310. — ℑ fehlt.

(*nj*) patrimoigne : besoigne : es-
loigne ☉ 9438. personne : groigne
: aloigne : besoigne 4045. personne
: nonne : somme : besoigne 7826.
personne : besoigne 15810, 16591.
ordonne (-onat) : besoigne 17020. —
ℑ fehlt.

(*nn*) personne : nonne : somme ☉
7824. — ℑ fehlt.

(*pj*) aprochent : marchent ☉ 20161.
Über Aussprache von aprochent cf.
147 (*pj*). — Für ℑ cf. 113 (*pj*).

(*rd*) accorde (-ordat) : descorde :
remorde ☉ 247. — corps : accors ℑ
2041.

(*rm*) omme : consomme : forme ☉
7050. — ℑ fehlt.

(*rn*) retourne : Babilonne : Bouloigne
: vergoigne ☉ 16362. — Hector : cor
(-ornu) : encor ℑ 6405.

(*rp*) dehors : rapport : corps : fort
☉ 3493. mors : recors : corps : forts
8698. — dehors : desconfors : corps
: recors ℑ 9339. corps : mors : hors
: fors 6509.

(*rs*) corps : remors : dehors : mors
ℑ 3948. repos : doz (-orsum) 3714.
dos : suppostz : devotz : os 4415.
Für ☉ cf. 147 (*rs*).

(*rt*) mort : fort : ort : rapport ☉
3469. dehors : consortes 5282. mors

: recors : corps : forts 8698. apporte (-orto) : rotte 17624. — corps : mors ꕔ 726, 1158, 3945, 6504 etc.
(*rti*[*rs*]) Eescosse : force : efforce ꕔ 8386. — ꕔ *fehlt*.
(*ss*) dos : suppostz : os ꕔ 4415. — ꕔ *fehlt*.
(*st*) dos : suppostz (-ositos) : deuotz : os ꕔ 4415. repos : doz 3717. — *Für* ꕔ *cf.* 147 (*st*).
(*str*) nostre : oultre : soudre ꕔ 5783. autre : nostre 16031. — vostre : autre ꕔ 6462.
(*tt*) aporte : rotte ꕔ 17624. — ꕔ *fehlt*.

140] == lat. *u*ᶜ.

(*m*) sommes (-umus) : hommes : commes ꕔ 17820. omme : consomme (-umat) 7047. — ꕔ *fehlt*.

= lat. *u*ᶜᶜ.

(*mm*) personne : nonne : somme ꕔ 78270. — ꕔ *fehlt*.
(*nd*) retourne : Babilonne : Bolonge : vergoigne 16362. — ꕔ *fehlt*.

Französisches *ou*
141] = lat. *au*ᶜ.

(*s*) secours : cloux (-ausum) : tous ꕔ 3323. clos : nous : propoux : tours 4873. clos : secours 9346. — ꕔ *fehlt*.

142] = lat. *eu*ᵒ.

venue : eue : lieue (-eucam) ꕔ 11555. *Vergl. hierzu* 143, 144 ꕔ. — ꕔ *fehlt*.

143] = lat. *e*ᵛ.

(*u*) Dieu : perdu ꕔ 591, 816, 4789, 5244, 9701 etc. dieux : mieulx 3113, 11665. *Über Aussprache von ou in* mieulx *cf.* 144 ꕔ. — *Für* ꕔ' *cf. eu* 155 (*u*).

144] = lat. *e*ᶜᶜ (*l* + Cons.).

(*lj*) mieulx : peux (orem) ꕔ 5904. plus : mieulx 2611. *Über* peux (-orem)
cf. 146 (*r*) ꕔ. — *Für* ꕔ *cf. eu* 156 (*lj*).
(*tl*) victorieux : vieulx : eulx : vertueux ꕔ 5585. *Ueber* -eux (-osus) *cf.* 146 (*s*). — *Für* ꕔ *cf. eu* 156 (*tl*).

145] = lat. *l*ᶜᶜ.

(*ll*) eulx : adventureux : peur (-orem) : soigneux ꕔ 2229. eux : eux : peux (-orem) : victorieux 7514. (nous : vous : paours (orem) : propoux 1103.) — *Ueber Aussprache von* -eux (-osus) *cf.* 146 (*s*). — *Für* ꕔ *cf. eu* 157 (*ll*).

146] = lat. *o*ᶜ.

(*b*) mieulx : preux (-obos) : vieulx : vieulx ꕔ 15310. deux : eux : preux (-obos) : honteux 7458. *Ueber Aussprache von* mieulx *cf.* 144 (*lj*). — ꕔ *cf. eu* 158 (*b*).
vous : poux (-orem) ꕔ 7067. vous : tous : propoux : poux (-orem) 7138. vous : foulz : propoux : poux 7578, 8156, 8626. nous : tousjours 6660. — vous : courroux : nous : dessoubz ꕔ 1854. vous : tous 874, 2747. vous : doulx 1834, 15051.
(*c*) lieu : receu ꕔ 414, 819, 5837, 9703, 13733, 17119. *Ueber Aussprache von u* (-utum) *cf.* 143 (*u*). — *Für* ꕔ *cf. eu* 158 (*c*).
(*d*) venue : deffendue : eue : queue ꕔ 12189. — *Für* ꕔ *cf. u* (*ü*) 152.
(*r*) secours : tours : destours : pour (-orem) ꕔ 7578. jours : tous : secours : douleurs 5193. secours : toujours : doulours : tours 6768. seigneurs : heurs (-[aug]urios) : sceurs (-[ec]uros) : douleurs 12829. seigneurs : heurs : seurs : milleurs 13013. deshonneur : seigneur : seur 7518. douleur : cueur : sœur : malheur 13964. cueur : rigeur : monseigneur : leur 9554. monseigneur : faveur : sceur 9358. recouvre : demeure (-oram) 11758. conclure : heure 17584. heure : secourre 659, 889, 4282. heure : demeure 9310. — amours : douleurs : toujours : secours ꕔ 2473, 3154, 3556, 4703, 8008, 15130 etc. jour :

labour I. 259. seur (-[ec]utum) : labeur : honneur : vigeur 15505. faveur : cueur : eure (-oram) 867. onore (-oro) : demeure(-oro) : demeure(-oram) 928. Ueber plusieurs : gracieux cf. eu 158 (r).

(l) mieulx : joyeulx : vieulx (-olo) : dieux 𝔒 11665. (mieulx : peux [-orem] 5904). nous : paours (-orem) : propoux 1103. mieulx : preux : vieulx (-olo) : vieux (etulos) 15310. Ueber Aussprache von è in vieulx (olo) cf. 113 (l) 𝔒. — Für 𝔗 cf. eu 158 (l).

(s) laboureux : decepveurs 𝔒 6942. adventureux : plusieurs 7714. courageux : plusieurs : merveilleux : eulx 15540. eulx : mieulx : plusieurs : soigneux 16222. peux (-orem) : victorieux 7514, 16082. joyeulx : plusieurs 14888. seure : doubteuse : aleuze (-uram) : creuse 12493. spacieuse : oultrageuse : aleuse (-uram) 3667. Ueber s in aleuse cf. 186. — Für 𝔗 cf. eu 158 (s).

(t) jours : tous : secours : douleurs 𝔒 5193. vous : tous : propoux : nous 4673. vous : tous 4336, 1761. vous : tous : propoux : poux (-orem) 7138. tous : propos 78, 217, 359, 1267, 3219 etc. — tous : vous 𝔗 I. 271, 873, 2747, tous : vous : amours : tousjours 3084.

147] = lat. o^{cc}.

(cc) touche : bouche : reprouche : soche 𝔒 3261. reproche : touche : poche : approche 12069. Ueber Aussprache von -oche (-opiat) cf. 139 (pj). — touche : bouche 𝔗 6598.

(cl) mieulx : yeulx : vertueux : deux 𝔒 16605. deul (-olium) : eul 12369. seul (-olum) : eul 13565. Ueber mieulx cf. 144 (lj). — Für 𝔗 cf. eu 159 (cl).

(lj) ueil (-oculum) : dueil 𝔒 19565. foule : despoille (-*oliam) 8979. — 𝔗 fehlt.

(ll) vous : nous : propoux : toult (-ollit) 𝔒 9972. — 𝔗 fehlt.

(lph) nous : propoux : coups : repous 𝔒 11941, 12879, 15363. — 𝔗 fehlt.

(ns) courroux : espoux 𝔗 25250. — 𝔒 fehlt.

(pj) touche : bouche : reprouche (-opium) : soche 𝔒 3261. bouche : reproche 16103. Ueber Aussprache von -ouche (-opiat) cf. 139 (pj). — Für 𝔗 cf. è 113 (pi).

(pr) treuve : euvre 𝔒 8123. — 𝔗 fehlt.

(rd) deshonneur : seigneur : ceus : seur 𝔒 7518, 9358. honneur : cueur 4899, 4567, 7018 etc. seigneurs : cueurr 11569, 17567 etc. — valeur : cuer : onneur : faveur 𝔗 299, 865. couleur : cueur : porteur : seigneur 9491. Ueber Aussprache von -eu (-orem) cf. 146 (r) 𝔒 𝔗.

(rn) entour : sourt : secours : autour 𝔒 1223. Gaucourt : entour : court : sejour 6592. — 𝔗 fehlt.

(rs) nous : poux : doux (-orsum) : vous 𝔒 8163. oust : doux : trestous : vous 18524. secours : doux 2462. doux : vous 10482. ailleurs : greigneurs 16987. — «Für 𝔗 cf. 189 (rs).

(st) nous : coups : repoux : oust 𝔒 14024. oust : tous : vous : propoux 18635. oust : doux : trestoux : vous 18524. vous : toust (-*ostum) : doux : poux 14454. secours : tous : sejours : propoux 2941. nous : vous : paours : propoux 1103, 7136, 7576. propos : vous 361, 887, 1594, 2151, 2455 etc. clos : nous : propoux : tours 4873. cf. clos (-ausum) 132 (s). Prevost : vous 8298. — Für 𝔗 cf. 139 (st).

(tt) moz (-*ottos) : propoux 𝔒 19104. — 𝔗 fehlt.

148] = lat. u^v.

(i) fus : deffendus (-utos) 𝔒 6987. Ueber Aussprache von u (-utum) cf. 149 (s). — 𝔗 fehlt.

(o) deux : eux : preux : honteux 𝔒 7458. deux : courageux : eux : mieux 7750. plus : deux 19616. cf. 144 (lj), 146 (s). — 𝔗 cf. eu 160 (o).

149] = lat. u^c.

(b) venue : nue 4227, 11687, 12979 etc. Ueber Aussprache von u (-utum) cf. 149 (t). — 𝔗 fehlt.

(c) secours : cloux : tous : souroux (-*ucem) D 8325. vous : tous : repoux : courroux 14710, 19796. vous : dous : couroux 7390. — courroux : espoux X 25250. vous : couroux 2654, 3335, 8327. vous : couroux : nous : dessoubz 1854. vous : tous : couroulx 3058, 5600. foulz : couroux 10129.

(r) seigneurs : heurs : sœurs (-uros) : doleurs D 12829. seigneurs : heurs : seurs : milleurs 13013. murs : heurs : seigneurs : fureurs 5625. heures : demeure : procurent : adventures 6120. forfaiture : adventure : demeure : procure 6528. heure : demeure : seceure (-urat) : cure 17377. deshonneur : seur 7518, 9358, 13968, 13983, recouvre : demeure : aleure : estature 11761. seure : doubteuse : aleuse : creuse 12493. heure : adventure 4941, 6525, 13246, 17379. (sejour : demour 19005). demeure : asseure : procure (-uro) 15244. *Ferner* -oram : -uro 15861, 16651, 18569, 19702. — seur : labeur : honneur : vigeur X 1505. *Ueber Aussprache von lat.* -uras cf. u 153 (r).

(s) plus : mieulx D 2611. plus : jus : vertus : lhesus : abus : conclus 18460. feu : lieu : conclu : jeu : adveu 2761. survenuz : sus : conclus : jus (usi) 8090. venus : tenuz : maintenu : parvenuz : plus : abus 17415. *Ueber Aussprache von* -eulx (-elius) cf. 144 (lj). — Für X cf. u (ü) 153 (s).

(t) vertu : vescu : Dieu : lieu D 819. Dieu : perdu 589, 4787, 5250, 10497, 14680. perdu : lieu : Dieu : lieu 9706. esleu : lieu 5837, 17117. venuz : tenuz : maintenu (-utum) : parvenuz : plus 17413. venue : deffendue : eue : queue 12169. venue : eue : lieue : repeue 11557. — Für X cf. u 153 (t).

150] = lat. u^{cc}.

(bt) doute : goute : toute : escoute D 14974. doutte : rocte : toute : goute 8722. doubte : escoute 3561. doubte : toute 5581, 15640. — vous : courroux : nous : dessoulz X 1854.

(cc) touche : bouche : reproche : soche D 3261. — touche : bouche X 16598.

(lc) doulx (-ulcem) : vous D 11210, 14650. vous : nous : doulx : poux (-orem) 9098. vous : toust : doux : poux 14454. vous : recoux : propoux : doux 14390. vous : doux : recoux : tousjours 14342. — vous : doulx X 1834, 6625, 7587.

(ll) venuz : nulz : menuz D 865. vous : foulz : propoux 7578. secoux (-ursum) : foulx 8998. foulz : vous : doux : couroux 7390. — vous : courroux : tous : folz X 10432. *Ueber* nuls cf. u 154 (ll).

(lt) doute : escoute : (-*ultam) D 3561. toute : escoute (-*ultat) 14969. — X fehlt.

(rg) secours : faubours : propous : nous D 8917. secours : repoux : faulxbours 3291. secours : repoux : faulxbours : tours 3726. bourc : destrourt : jour : secour 20076. — amours : jours : estours : douleurs : faulxbours X 4288.

(rj) malheur (-[aug]urium) : douleur : ceur : seur D 13964. seigneurs : heurs : sœurs : douleurs 12829, 16227. seigneurs : heurs : sœurs : milleurs 13013. *Ueber* douleurs cf. 146 (r). — X fehlt.

(rm) amour : jour : estour (-*urm) : douleurs : faulxbours X 4288. — D fehlt.

(rn) jour : tous : secours : douleurs D 5193. secours : tousjours : douleurs : tours 6758. jour : amour 10054. sejour : demour (-oram) 19005. jours : secours 1704, 4775, 5188, 5391, 5747, 5866, 6745 etc. — amours : douleurs : tousjours : secours X 3154, 4705, 5276. jour : estours : douleurs : faulxbours 4288. jours : cours 5884. tousjours : amours 11504. seurs (-ūres) : douleurs : jour 16819. jour : labeur 259.

(rr) recours : repoux : faubours : tours (-urres) D 3725. secours : tours : destours : pours 4777. clos : nous : propoux : tours 4873. tous : tours 15522. — X fehlt.

. (rs) secours (-ursum) : fauboure : propoux : nous D 3917. secoux : foulx 8998. secours : pours 16074. secours : tousjours : douleurs : tours 6768. venuz : plus : dessus 1751. survenuz : sus : conclus : jus 8090. jours : cours 5884. — amours : douleurs : tousjours : secours T 3154, 4705, 2476. *Ueber* ursum cf. 154 (rs).

(*st*) jouste : juste (-ustam) : fleuste : leuste D 7850. — T *fehlt.*

(*tt*) doutte : rocte : toute : goute (-uttam) D 8722. — T *fehlt.*

(*xt*) jouste (-uxtam) : juste : fleuste D 7848. — T *fehlt.*

151] = lat. oe^c.

(*l*) joyeux : oyseux : cieulx : lieux D 15238. mieulx : cieulx : lieux : soigneux 15122. eulx : cieulx 13761. *Ueber* -osum cf. 146 (s). *Ueber* -elius cf. 144 (*lj*). — *Für* T cf. eu 161 (*l*).

Französisches u

152] = lat. o^c.

(*d*) eue : queue (-*odam) T 1105. — *Für* D cf. ou 141 (*d*).

153] = lat. u^c.

(*r*) injures : avantures : dures : forfaictures T 1173. — *Für* D cf. ou 149 (*r*).

(*s*) plus : vaincus : vertus : confondus T 2608. salus : reffus 3579. menelaus : receuz : plus : sus 2800. — *Für* D cf. ou 149 (*s*).

(*t*) venus : vertus : venus : plus : essus T 2093. menelaus : tenus 4042. salue (-uto) : congnue (-utam) 18172. — *Für* D cf. ou 149 (*t*).

154] = lat. u$^\infty$.

(*ll*) venus (-utos) : nuls (-ullos) T 18188, 22441.

(*rj*) injures (-urias) : dures : forfaictures T 1173.

(*rs*) plus : sus : Rhebus 1050. *Für* D cf. ou 150 (*ll*) (rs).

Französisches eu

155] = lat. e^v.

(*u*) dieux : mieulx : vieulx : gracieulx T 1846, 2180. glorieux : dieux : yeulx : mieulx : lieulx 7098. dieux : angoisseux : eulx : doubteulx 1985. mieulx : dieux : cieul : lieux 4545. preux : dieux 9946. — *Für* D cf. ou 143 (*u*).

156] = lat. e$^\infty$.

(*lj*) Dieulx : glorieux : cieulx : joyeulx : yeulx : mieux T 7. yeulx : vieulx : cieulx : mieulx : melancollieux 1252. eulx : soigneux : mieulx : vieulx 475. — *Für* D cf. ou 144 (*lj*).

(*tl*) yeulx : vieulx (-etulos) : cieulx : melancollieux T 1252. dieux : vieulx : greulx (-aecos) : injurieulx 6668. — *Für* D cf. ou 144 (*tl*).

157] = lat. i$^\infty$.

(*ll*) eulx : soingneux : mioulx : vieulx T 475. douloureux : eulx ; ceulx 4319. — *Für* D cf. ou 145 (*ll*).

158] = lat. o^c.

(*c*) lieu : dieu T 6869. glorieux : mieulx : lieulx 5152. — *Für* D cf. ou 146 (*c*).

(*b*) preux : dieux T 9946. courageux : preux (-obus) 9172. preux : veulx 9036. — *Für* D cf. ou 146 (*b*).

(*l*) preux : veulx (-olo) T 9086. deux : seulz 8443. langoureux : veulx 24637. (vueil : oeil 5838, 8648, 23173). — *Für* D cf. è 112 (*l*) *und* ou 146 (*l*).

(*r*) plusieurs : glorieulx T 13902. cf. ou 146 (*r*). — *Für* D cf. ou 146 (*r*).

(*s*) dangereux : injurieulx : immortelz T 523. immortelz : glorieulx 8766. lieulx : ennuyeux 18760. dieulx : ennuyeux : gracieulx : vieulx 6629. yeulx : vieulx : cieulx : melancollieux 1252. — *Für* D cf. ou 146 (*s*).

159] = lat. o$^\infty$.

(*cl*) mieulx : yeulx : gracieulx T 3046. yeulx : vieulx : cieulx : melancollieux 1252. — *Für* D *cf. ou* 147 (*cl*).

160] = lat. u^v.

(*o*) deux : sauoureux : veulx : ennuyeulx T 8880. deux : seulz : douloureux : vigoureux 8444. — *Für* D *cf. ou* 148 (*o*).

161] = lat. oe^c.

(*l*) dieulx : vertueulx : cieulx : mieulx T 3393. yeulx : vieulx : cieulx : mieulx : joyeulx 1251. — *Für* D *cf. ou* 151 (*l*).

Französisches *an*

162] = lat. a^c.

(*m*) semblant : grant : estrant (-amen) : diligent D 3181. — troyan : priam (-anum) T 2133, 3127. priam : an 7531. ancien : priam 1054, 1631, 7319, 8285, 24667.

(*n*) rien : sien : moyen : soubstien D 135. demourant : Orleans : gens : chien 11065. Orleans : chiens : gens : cent 2505. gens : chiens 13584. chiens : maintenant 11857. riens : siens : incontinant : gens 14138. Orleans (-*anos) : aucunement 99. Orleans : biens : riens : incontinant 1199. Orleans : chiens 2502. chrestiens : Orleans 6877. dimenche : franche : estrange (-*aneum) : change 14155. dimenche : louenge : estrange 14318. troyans : gens 3253. — ancien : Priam T 1054, 1831, 24685, 27136. — *Ueber* -*anum *in* moyen, sien *etc.*, -anes *in* chiens *cf.* ain 167 (*n*) T.

163] = lat. a^{cc}.

(*mbj*) demenche : franche : estrange : change (-ambium) D 14155. — louenge : eschange T 11944.

(*mm*) ensemble : semple : exemple : oriflambe D 6656. semble : ample : tramble : oriflamble 15781. — T *fehlt*.

(*mp*) champs : chiens D 15559. champs : temps 5989, 21460. — champs : marchans T 885. vaccans : champs : meschans : ans 5040.

(*mpl*) semble : ensemble : ample D 5521. ample : tramble : oriflambe 15781. — T *fehlt*.

(*mr*) chambre : rendre D 17470. — T *fehlt*.

(*mt*) tante : tormente D 12917. — T *fehlt*.

(*nn*) an : bien D 7345, 7499. an : bien : rien : maintien 7650. bien : an : rien : soustien (-eneo) 7710. — ans : temps : enfans : pensant D 1286.

(*nc*) lance : oultrance D 7699, 2217, 7443, 7643. dimenche : franche : estrange : change : renge 14157, 14318. Blanc : dedans 12233. Blanc : gens : diligens 12683. dimenche : manche (-anicam) 2806. — puissance : lance T 1206.

(*nd*) appartient : Orleans : avant : grant D 6376. riens : dedans : enffans : grans 3125. grant : temps 6257. truende : escande : bande : pande 15502. mande : escande : lande : commande 9538. presente : commande : grande 11638. — grant : comment (-endo) T 595. mande : offrande 4132.

(*ndl*) entendre : comprandre : esclandre : vendre D 6480, 7206, 9147. — rendre : esclandre : entendre : comprendre T 12092.

(*ndr*) deffendre : Alixandre D 157, 5433, 10597, 15384, 15467 etc. — T *fehlt*.

(*ngn*) tiens : sanc (-anguinem) D 12478. sang : enffans : grant 5481. — sang : devant T 14326.

(*nt*) devant : quant : incontinent : content D 1559. devant : grant : evidant 4761, 5035, 5630, 7527, 8014 etc. avant : bien 5161. enfant : plaisant 926. — tourmente : plante T 19785. longuement : plourant 1880. sang : devant 14326. plante : mente 205.

164] = lat. $\breve{e}^{t}$.

(*m*) riens : puissans : prudents : appartient 𝔇 1647. devant : incontinent : riens : remanant 41. riens : Orleans 1197, 1258, 1333, 1551, 3729, 7860, 9039 etc. — *Für* 𝔗 *cf. ain* 167 (*m*).

(*n*) bien : rien : combien : ahan 𝔇 5761. biens : puissans 1644. incontinent : quant : vient : pesant 15304. puissant : gens : souvient 4225. tiens : sanc (-anguinem) 12478. bien : an 349, 7499, 7647, 7705. [en : tient 939. orient]: tient 6294. *cf.* 167 (*n*)].

165] = lat. e^{cc}.

(*ml*) semble : exemple : tramble : ensemble 𝔇 991. ensemble : semble : tramble 6048. — 𝔗 *fehlt.*

(*mp*) temps : content : gens : desplaisant 𝔇 1531. devant : dedans : temps 8106. — sens : temps : entens : semblablement 𝔗 9731. temps : ans 1286. avant : temps 2918.

(*mpl*) exemple : oriflamme 𝔇 6656. — 𝔗 *fehlt.*

(*mt*) tente (-enditam) : sante (-emitam) : vente : atante 𝔇 16426. chante : gente : entente : sente (-emitam) 7670. — 𝔗 *fehlt.*

(*nd*) devant : entend (-endo) 𝔇 attendent : demandent 759, 1798, 5986. attant : quant : content : entent 7947. — grant : comment (-endo) 𝔗 535. grans : prens 1245. enfans : temps : commens 1232, 1380, 7252.

(*ndr*) deffendre : Alexandre 𝔇 157, 5433 etc. entendre : esclandre 6478, 7204, 9150. — entendre : cendre 𝔗 4785. esclandre : entendre 12090.

(*ns*) Orleans : sens (-ensus) : desplaisant : gent 𝔇 8281. contant : sans (-ensus) : moyens : contredisant 17524. deffence : desplaisance : puissance : pense 3061. — consens : sens : temps : consentens 𝔗 8299. dedens : sens 8337.

(*ndt*) tente (-enditam) : sante : atante 𝔇 16426. — 𝔗 *fehlt.*

(*nt*) enseignement : quant 𝔇 1618. devant : vent (-entum) 8511. riens : grans : inconvenient 6136. Orleans : gent : cent 2800. demourant : inconvenient : diligent 8832. riens : hardiment : present : puissant 9278. plaisant : devant : vaillant : cens 5976. incontinant : gens : rans : diligens 5609. gens : Orleans : present : contredisant 1303. — gens : temps : dedens : enciens 𝔗 8685. temps : gens 697, 1901, 3682. plante : mente 203. longuement : plourant 1880.

166] = lat. i^{cc}.

(*ml*) semble : exemple : tramble : ensemble 𝔇 991. — semble : ensemble 𝔗 447, 774, 3542.

(*nc*) dimenche : franche : estrange : change 𝔇 14155. ordonnance : contenance : deffance : dimenche 14252. — 𝔗 *fehlt.*

(*nd*) en : tien 𝔗 938. en (inde) : enten 3303. — 𝔇 *fehlt.*

dimenche : revenche (-*indecet) 𝔇 14022. — 𝔗 *fehlt.*

(*ng*) dimenche : louenge (-*ingam) : estrange 𝔇 14316. — louenge : echànge 𝔗 11944.

(*nr*) cendres : nuysance : puissance deffences 𝔇 2309. — prendre : cendre 𝔗 4785. descendre : mendre (-inor) 5770.

(*nts*) commance : ordonnance 𝔇 2413, 4780, 14056, 18599. — 𝔗 *fehlt.*

(*nt*) quant : incontinent : surprenant : dedans 𝔇 2741. riens : dedans : enffans : grans 3125. — gens : temps : dedans : enciens 𝔗 8685. dedans : vens (-entum) 563. ceans : challans 2537. dedens : deffens 7039.

Französisches *ain*

167] = lat. $a^{\cdot}$.

(*m*) putin : fin : chemin : plain 𝔇 12473. certain : main : fain (-amem) : fin 2861. — 𝔗 *fehlt.*

(*n*) main : fin ☉ 2861, 3092, 3642, 4460, 4486, 4863, 10682 etc. plain : Morin : afin : demain 12005. certain : fin : pelerin 3465. *Ueber* -*anum *in* moyen *cf.* an 162 (*n*). — bien : rien : maintien : soustien : loingtain ꝉ 1662. bien : moyen 2500. vien : loingtain 598. humains : moins 2221. mains : moins 2229. certains : moins 5383. certain : main : plain : complain (-ango) 1132.

168] = lat. a^{oc}.

(*nct*) sains : mains ☉ 2425, 6468· saintes : princes 14073. — mains : sains ꝉ 2543.

(*ngr*) craindre : maindre (-inor) : faindre : plaindre ☉ 18180. — refraindre : moindre : plaindre ꝉ 4381.

169] = lat. $ě^r$.

(*u*) bien : mien (-ēum) : rien : retien ꝉ 1327. *Für* ☉ *cf.* an 164 (*m*).

170] = lat. $ě^c$.

(*m*) rien : point : point : point ꝉ 24280. bien : rien : soustien : maintien : loingtain 1662. — *Für* ☉ *cf.* an 164 (*m*).

(*n*) plain (-ēnum) : Morin : afin : demain ☉ 12005. certain : hutin : matin : plain 2365. advint (-ēnit) : Sarrazins 2161. *Ueber* vien, bien *cf.* an 164 (*n*). — bien : rien : soustien (-eneo) : maintien : loingtain ꝉ 1662. bien : mien : rien : retien (-ēne) 1327. vien : loingtain 598. demain : frain (-ēnum) : serain : main 1527. grain : certain : plain : demain 1628. vingt : vint (-ēnit) 1533, 11630. *Ueber* ien : en *und* orient : tient *cf.* 164 (*n*).

171] = lat. e^{oo}.

(*nj*) mains : villains : engins (-enios) : point ☉ 2265. point : angins : fins : point 2805. — ꝉ *fehlt*.

(*mr*) craindre : maindre ☉ 7581. craindre : faindre : maindre 15716. — ꝉ *fehlt*.

(*mt*) Rains : craint : oint : fins ☉ 10261. Rains : craint 14938. — ꝉ *fehlt*.

172] = lat. i^o.

(*n*) moins : mains ☉ 11033. moins : Augustins 18030. matin : main : fin 4489. fin : main : plain : chemin 10685. — humains : moins ꝉ 2221. mains : moins 2229. certains : moins 5883. plains : moins 2237.

173] = lat. i^{oo}.

(*ncp*) princes : saintes ☉ 140750. — ꝉ *fehlt*.

(*nct*) certains : estains (-inctos) ☉ 13957. estaint : mains 16516. — ꝉ *fehlt*.

(*ngr*) craindre : faindre ☉ 5685. — refraindre : moindre : plaindre ꝉ 4381.

(*nr*) craindre : maindre (inor) ☉ 18177. enfraindre : maindre 19437. — refraindre : moindre : plaindre ꝉ 4881. *Ueber* mendre *cf.* an 166 (*nr*).

(*nt*) vingt : vint ꝉ 1533, 11630. — ☉ *fehlt*.

174] = lat. o^o.

(+ *nachton. i*) besoing : loing : soing : vans (-anum) ☉ 7882. — ꝉ *fehlt*.

175] = lat. u^o.

(*n*) ung : besoing ☉ 8886. juing : Meung : ung : commung 18020. (*n* + *nachtoniges e*) point : coings (-uneos) : Bisquains 1545. — ꝉ *fehlt*.

176] = lat. u^{oo}.

(*nct*) point : Augustins : mains ☉ 12763. point : angins : fins : point 2805. fin : craint : oint 10261. — point : rien ꝉ 24271.

Französisches *on*

177] = lat. a^o (+ nachton. *n*).

(*b*) sont : dont : ont ☉ 6264. Chinon : raison : diron : aillons 8677.

geteront : maisons 1974, 2325, 3255, 9516 etc. — sont : ont : confond ꞇ 207.

(d) pont : vont (-adunt): oppinions : pont Ɗ 2718. — vont:sont ꞇ 4168.

(m) oppinions : sont : devont (-amus) : environs Ɗ 1247. barons : trouvons 505. parlerons : oppinions 552. — renon : alon (-amus) ꞇ 8226. croyons : homs 3487.

(c) font : mont Ɗ 6550. barons : font 9318. — font : mont : sont : respont (-ondit) ꞇ 1136.

178] = lat. o°.

(m) facon : renom Ɗ 3866. environs : nom : non 3977. confusion : guaignerons : bon : on 2685. bois : on : oppinion 6110. — croyons : homs ꞇ 3187. environ : nom 3500, 7949. nom : Agamenon 8609, 7949.

(n) ment : poissons : oppinion Ɗ 2815. tendront : bons : dont : voulons 3829. raison : venison : bon : devons 14230. — raisons : responds : raison : alon ꞇ 2914, 8074. nom : Agamenon 3609.

179] = lat. o°°.

(mt) conte (-omitem) : compte Ɗ 17244. — ꞇ fehlt.

(mpt) comte : honte Ɗ 6947. raconte : compte 8003. — ꞇ fehlt.

(nd) Boillons : respont Ɗ 1472. — raisons : responds (-ondeo) ꞇ. font : ment : sont : respont 1136.

(ndr) respondre : nombre Ɗ 6105. — confondre : respondre ꞇ 596.

(ng) pont : long : sont : reposeront Ɗ 3197, 6098, 10188. — ꞇ fehlt.

(nstr) alcontre : monstre (-onstrat) Ɗ 1926, 2230. rencontre : encombre : monstre 7837. — rancontre : monstre ꞇ 10093, 10301.

(nt) honte : surmonte Ɗ 12065, 12721. pont : vont : oppinions : pont 2713. — ꞇ fehlt.

(nti(ns)) responce: prononce (-untio) Ɗ 18950. responce : denonce 740. — ꞇ fehlt.

(ntr) rencontre : nombre : fondre : monstre Ɗ 10949. — rancontre : monstre ꞇ 10093, 10301.

180] = lat. u^{cc}.

(mb) canons : faucons : plon (-umbum) Ɗ 4063. — ꞇ fehlt.

(ml) rencontre : encombre Ɗ 7895. — ꞇ fehlt.

(mr) nombre : encombre Ɗ 5929. rencontre : nombre : fondre : monstre 10949. — ꞇ fehlt.

(nc) trendront : bons : dont (-unc) Ɗ 3827. donc : environs 4733. — ꞇ fehlt.

(nd) parfont : maison Ɗ 10910. — sont : ont : confont ꞇ 207.

(ndr) nombre : fondre : monstre Ɗ 10949. — confondre : respondre ꞇ 596.

(nt) oppinions : sont Ɗ 1244. — mont : sont : respont ꞇ 1136.

(nti) responce : prononce Ɗ 18950. responce : denonce 740. — ꞇ fehlt.

II. Unbetonte Vokale.

181] Stummes e.

a) In Bezug auf das sogenannte stumme e im Innern des Verses weichen beide Stücke in mehreren Punkten von der neufranzösischen Sprache ab.

a. Bei den Wörtern, von denen zu gleicher Zeit eine ältere und eine jüngere Form nebeneinanderhergehn, ist bald die eine bald die andere gebraucht worden.

Bon guerdon luy en vouldroye 𝔗 471. — Tous les seigneurs du barenaige 𝔇 1933. En soupecon ne devez etre 3623.

b. *e* hinter dem betonten Vokale ist verstummt.

Qui jouê dart et si fort habille 𝔇 1419. Si vous suppliê doncques en general 61. Parmi voz ruês et voz ruelles 1969. Ne fut desoleê ni pillee 2160. A force despeê et de lance 2250. Pour leur ayder qui ne soient desunis 36. Et ne se pourroient efforcer 2726. Quelles nestoient pas de deffence 3036. Si ne voyent leur ville perdue 1352. — Si vous priê que chascun sauance 𝔗 1168. Voz penseês seront bien dures 1174. Violeê dont je suis dolent 1258. Tart est de getter leauê dedans 1375. Dont ilz nous pourroient aduiser 8533.

Feste Gesetze befolgte man damals in der Dichtung noch nicht streng. Was wir beobachten, ist nur ein gewisses Anstreben derselben. Wenn Verstösse gegen dieselbe vorkommen, so kann uns dies daher nicht Wunder nehmen; es kehren solche denn auch in der That von Punkt zu Punkt wieder. So hier:

Si vous pri/e seigneur barons 𝔇 505. Si seroi/e doppinion 977. — Mais remply/e de grant science 𝔗 172. Ces trois estoi[ent si tres beau 97.

c. Bei der Bildung des Futurs und Conditionals herrscht das Bestreben das stumme *e* in vorletzter Silbe keine Silbe bilden zu lassen, selbst wenn demselben ein einfacher Consonant vorausgeht.

My emploieray du tout entierement 𝔇 957. Ils forti fieront leur cito 1291. Luy merray dont il fera servy 4234. Incontinent narrestera mye 2258. — La chose ja ne se muera 𝔗 10792. Il envoyera son fils paris 883. Je frapperay destoc et de taille 1214. Je vous manderay mais quil soit temps 1230. Monseigneur le vent vous merra 758.

Aber *e* nach Vokal und vor betonter Silbe bildet eine Silbe in:

Comme tenu suis vray/ement 𝔇 4575.— Me dist que cestoit vray/ement 𝔗 I. 174.

d. Dumpfes *e* vor einem lauten Vokale ist verstummt.

Dont vous a pleu ainsi me faire 𝔇 3. Que deusse avoir magnificence 304. — Si y veis pourtout comparer 𝔗 98. Mais neanmoins tres bien je say I. 157.

Einige Mal ist es noch silbenbildend.

Bien a/orne de fleur de liz 𝔗 I. 127. Et que ve/oir je les vouloie 1565. Donner toujours pre/eminence I. 224.

e. Die Elision des *e* in den Wörtern *ne (nec), que, je, se (si)* vor folgendem Vokal ist fakultativ.

Et ce que / en mon cueur je pense 𝔇 107. Ne / oncques puis aucunement 3601. Et que a mon vouloir je / y soye 4270. Ne / autrement en delayer 14663.

In 𝔗 ist die Elision wohl Regel, Ausnahmen sind jedoch nicht ausgeschlossen.

Que / ung roy eust telle rigeur 𝔗 641.

f. Ein Hiatus ist anzunehmen in einigen Fällen, in denen heute nach Angleichung an Formen wie *peut-il, est-il, doit-il* u. s. f. ein *t* in der 3. sg. eingeschoben ist;

Qui a / il de cryer ainsi D 3136. Bergiere dont la nom mer a / on 3977. — Comment messagier qui a / il X 3119. En ce point sera / il de ceu 10667. Encores ne mourra / il pas 10254.

β) Weibliches *e* im Reime ist stumm, wenn es einem betonten Vokale folgt. Folgende Reime werden dies beweisen:

amis : parties D 5993. parties : pris (-etium) 20169. mis : saillies 3211. anemis : saillies 6622. mis : folies 7762. Anglois : voyes (-ias) 3899. oyt (-audit) : voye 11254. espyes : cruys (-edo) 3430. amis : remercie 18900. vois (-ēre) : croyent 12446. prient : requis 9474. donnée : enfer 15511. destrois : etoient 8858. destroix : reculleroit (-ēbant) 2717. — Hector : cor (-ornu) : encor (-oram) X 6405, 1839. Troye : estoye : voye (-ado) : aymoie : proie 31. harnois : vois (-ado) 3567. roys : vois (-ado) 763. menuoys (-ebam) : faiz (-acio) : gregois 1884. aymoie (-ebam) : proie 31. voye (-ideo) : coye : troye 2836. roy : voy (-ideo) 262, 3798. gregois : voys (-ideo) : croys : foys 1160. mye : prye (-ŏco) 273, 609, 1019, 1338, 5760. pry (-ŏco) : cecy 1668, 4677. die (-ico) : jolie 378, 1123, 8124. dy (-ico) : amy 7463, 8050. ditz (-ico) : ditz (-*ictos) 11827. il : certiffie 3120.

III. Consonanten.

Wie schon oben bemerkt, ist der Consonantismus im allgemeinen ebensoweit entwickelt in unseren Stücken wie in der heutigen Sprache; ja, bei gewissen Consonanten ist die Entwicklung noch weiter gegangen.
Um daher ein vollständiges Bild von dem Consonantismus zu geben, kommt es darauf an, diejenigen Consonanten herauszuheben, an denen sich diese Entwicklung vollzogen hat.

Die Halbvokale
Lat. *l*
= franz. o.

182] (ᵛ*l*ᵛ) dis (-*ictos) : soubtilz D 17441. eux : glorieux : cieulx 298. gentils : amis 4380. — deux : seulz X 8441. immortelz : glorieux 3766. grieulx⁑ : immortelz 523.

183] (ᵛ*l*°) joyeulx : eulx D 14885. eux : lieux 348. plus : mieulx 2611. nostre :ˆoultre : soudre 5783. — eulx : soingneux : mieulx X 473. il : certiffie (-ico) 3120.

Lat. *r*
= franz. o.

184] (ᵛ*r*ᵛ) Anglois : voir D 1762. roy : espoy (-ērum) 9343. esbays : assaillir 6756. plaisir : peril 12586. venir : dix 8578. laboureux : decepveurs 6942. vous : paours (-orem) 101, 7578, 8156, 8626. avoir : soyez 4352. *Ferner* -oir (-ēre) : ez (-*atis) 4634, 6572, 10538, 19422. voir : Anglois : voir : roys 5233. — navire : thaye X 755. asie : navire 26666. roys : crois : choix : avoir : nois : mouuoir 5527.

185] (ᵛ*r*ᶜ) Chabane : espargne D 13083. Charles : intervalles 13105. omme : forme 7203. retourne : ordonne 9054. retourne : Babilonne 16359. jour : propoux 3293. repoux : tours 7325. place : enreverse 2594. force : Escosse 8332. paix : pervers 1288. parts : pas 1052. ouvertes : penades 10954. estat : part 7732. expers : est 5828. Tallebot : mort 3411. donnée : enfer (-*ernum) 15511. — X *fehlt*.

186] (°*r*ᵛ) garde : perdre D 19938. attendre : rendent 19300. faulte : autre 16700. Chartres : certes 1059,

17889. lectres: secretes 9874. lectres : faites 11289. Orival : Estuart 13081. treuve : euvre 8123. — menestrelz : ouvriers 𝔗 2736.

Eine Vertauschung des *r* mit *s* ist zu beobachten in:
oultrageuse : euse (-oram) 𝔇 3667. seure : doubteuse : aleuse (-uram) 12891. — 𝔗 *fehlt*.

Lat. *g*
= franz. ○.

187] (*ᵛgᵉ*) Katherine : digne 𝔇 10569 divine : indigne 17688. signes : ruynes 15911. — signe : racine 𝔗 I. 184, 2589, 26852. cousins : medecine : racine : digne 25401, 26654. villaine : regne : paine : germaine 709.

188] Ebenso ist das *g*, welches aus einem im Hiat stehenden *e* oder *i* ensstanden war, ver-stummt:
personne : groigne : aloigne : besoigne 4045, 7826, 15810. ordonne : besoigne 17020. retourne : Babilonne : Bolongne : vergoigne 16362.

Lat. *v*
= franz. ○.

189] (*ᵛvᵛ*) suffist : entantis : suppellatis : gentis 𝔇 6104. dis (-icis) : esbays : gentilz : vis (-ivus) 3461. parties : pris : pensis (-ivos) : hardis 20171. — assis : pensifz 𝔗 190. ditz : perils : vifs : anglotis 3641. fils : faitis 6233. pris (-etium) : vis : advis : faictifz 6253. filz : vifz (-ivus) 10509.

Franz. *s*
an letzter Wortstelle.
Bei der grossen Wichtigkeit desselben für die Nominal- und Verbalflexion dürfte es rathsam sein, dasselbe einer genauen Betrachtung zu unterwerfen.
Dasselbe ist überall verstummt.

190] Stammhaftes *s* = ○.
plaisant : sens 𝔇 4681, 4829, 8246, 8279, 17873. devant : sens 1854.
fais (-ascem) : faiz (-*actos) : voir : bois 12137. mois : Engloîs : pourvoir : ainçois 3837. pays : suis 886, 373, 1183, 2136, 9131 etc. (suy : luy 2205, 3602, 16892). doit : Croix (-ucem) : destroix : reculleroit (-ebant) 2717. — gregois : crois 𝔗 1158, 8035, 12926, 13882 voix (-ocem) : crois 5669. (croy : moy 346, 2876, 3797). croy : pourray 846, 12959. sens : temps 8297. (entens (-endo) : temps 1376, 3737, 7325). avant : temps 2918. temps : semblablement 9781.

191] Flexivisches *s* = ○.

a) beim Nomen:
remedisoient : voyent (-ias) : feroie : voudroie 𝔇 18304. rapport : corps : fort 3493. voulentiers : destourbier : entiers (-arios) : encombrier 9366. desirs (-id'erios) : parvenir : pugnir 6734. puis : lis (-ilios) 18563, 6862. (*Ueber* puis *cf*. 191 *β*). suis : lis 337. mesericordes : mordent 12709. choses : suppose (-oso) 265. requierent : noires 3713. requiereut : prieres 17249. arbalestes : arrestent 14180. heures : procurent 6118. trois : provois : crois : vois (-ēre) 7250. citoyens : entend (-endo) : Orleans 5613. (*Ueber* -endo *cf*. 191 *β*). enseignements : quant 1616. — deesses : richesse 𝔗 1536. puis (-ossum) : filz : ennemis 5050. roys : croys : gregois : bois : chois : avoir 5521. manoit (-*asium) : estoit : endroit 255. vous : tous : amours (-orem) : tousjours 3084.

β) beim Verbum:
envoys : vois (-ēre) 𝔇 10693. voys (-ado) : vois (-ēre) 14601. vois (-ēre) : croyent : congnois (-osco) 12449. pourveoir : François : congnois : recouveroys 3821. (conseilleroye : voye 2345, 2785, 4259, 5624 etc.). luy : suy 15390. pry : icy : suy 2205, 3602, 16892. suis : puis (-ossum) 9132, 10617, 15484. — menuoys (-ebam) : faiz (-acio) 𝔗 1883. (pensoye : joye 643, 1544, 2469, 4812). ennemis : pays : soubzmis : puis (-ossum) : suis (-um) 1264. (luy (-io) : mis (-issum)

18102). grant : comment (-endo)
535. amy : prye ; supplie : puis
(-ossum) 1878. die : jolie 378, 1123,

8124. ditz (-ioo) : ditz (-*ictos) 8490.
puis : ditz (-ico) ; fils : ennemis 5050.
ditz (-icis) : ditz (-*ictos) 13852.

IV. Flexion.

1. Nominalflexion.

192] Mit der Verstummung des *s* am Wortende (cf. 191) ist ein grosser Teil der Flexion verloren gegangen. Ursprüngliche Accusative *(putain, seigneur)* werden, wie in der heutigen Sprache, auch für den Nominativ verwendet.

Das einzige Wort, welches sich seinem Etymon gemäss nur für den Nominativ gebraucht vorfindet, ist *homs* als Substantiv: homs : croyons T 3487. — O *fehlt*.

Eine Differenzierung des Singular vom Plural war natürlich bei dem Verstummen des *s* am Wortende nicht denkbar.

grant ist im Feminum noch unverändert:
Dont tu as fait grant diligence O 750. On ne l'a pas acordée grant (: temps) 6257. — Estre a grant douleur desconfiz T 10554. Dieu du pays dieu de troye la grant (: comment) 535.

2. Verbalflexion.

Die Formen der Zeitwörter, welche nach Analogie an andere gebildet wurden, haben diejenigen noch nicht ganz verdrängt, die auf richtig etymologischem Wege entstanden waren.

193] Die Endungen *-uie (-ucat)* und *-uise (-*uceat)* gehen neben einander her:

conduye : lye (-aetam) O 536, 11549, 16791 *und* entreprise : duise : premise : mise 6200. — phabernye : conduie T 9929. conduye : amy 10371 *(über das weibliche e cf.* 181) *und* mise : duise 1404.

194] Ebenso *-ie (-icat)* und *-ise (-*iceat)*:
seigneurie : partie : die O 68, 4485, 5009 *und* puisse : acomplisse : contredise 14662. — melodie : die T 1441, 5182, 6818 *und* dise : couardise 10885.

195] Neben *aille (*ambuleat)* ist noch gebräuchl. *voise (*vadeat)*: suille : bataille : faille : nille O 14218. muraille : taille : aille : vaille 1917 *und* nise : voise 12206. voise : poise : noise 7212. — bataille : aille : taille ; ventraille T 1216 *und* voise : noise 11442.

196] Neben der auf Weiterbildung beruhenden Endung *quérir* in *conquérir* gab es damals eine auf ähnliche Weise entstandene: *conquester* und ausserdem *conquerre*, welche regelrecht aus *quaerere* gebildet war. Für O cf. Vers 12104 und 2405. Für T cf. Vers 13485, 13648 und 13518.

197] Die Angleichung der stammbetonten Formen an die endungsbetonten ist noch nicht soweit entwickelt wie heute : *creons* statt *croyons* O 9723, *vendres* statt *vienders* T 13089. Wie weit die stammbetonten Formen von *trouver, demeurer, mourir* etc. von den endungsbetonten in der Aussprache unterschieden waren, lässt sich nicht feststellen, da *eu* und *ou* mit einander reimten.

198] Ferner begegnet auch ein jetzt nicht mehr gebräuchlicher Conj. Imp.
advensist (-isset) : pays : suis : dis (-ictos) O 10269. — T *fehlt*.

199] Für T ist noch d. 2. pl. Fut. hervorzuheben, die abweichend von d. 2. pl. Prs., ein offenes *e* zeigt. Für *-etis* cf. 107 (*t*) und für *-atis* 97 (*t*) T. O macht keinen Unterschied zwischen d. 2. pl. Prs. *(-atis)* und 2. pl. Fut. *(-etis)*. Beide ergeben *è*. Dazu cf. *è* 101 (*t*) und 107 (*t*) O.

Es bleibt nun noch übrig, übersichtlich zusammenzustellen, in welchen Punkten O und T von einander abweichen. Es sind:

200] -er (are) — O cf. è 101, T cf. é 97.
201] -ay (-abeo) Fut. — O cf. é 98, T cf. è 102.
202] -ez (-atis) — O cf. è 101, T cf. é 97.
203] -ez (-atos) — O cf. è 101, T cf. é 97.
204] -ay (-*apeo) — O cf. é 97, T cf. è 102.
205] approche (-opiat) — O cf. o 48, O cf. ou 147, T cf. è 122.
206] dors (-orsum) — O cf. ou 147, T cf. o 139.
207] repos (-ositum) — suppostz (-ositos) — O cf. ou 147, T cf. o 139.
208] queue (-*odam) — O cf. ou 146, T cf. u 152.
209] eux (-illos) — O cf. ou 145, T cf. eu 157.
210] preux (-ōbos) — O cf. ou 146, T cf. eu 157.
211] lieu (-ŏcum) — O cf. ou 146, T cf. eu 157.
212] plusieurs (-ōres) — O cf. ou 146, T cf. eu 157.
213] vieulx (-ŏlo) — O cf. è 113, O cf. ou 146, T cf. eu 157.
214] -eux (-ōsum) — O cf. ou 146, T cf. eu 157.
215] eul (-oculam) — yeulx (-oculos) — O cf. ou 147, T cf. eu 159.
216] deux — O cf. ou 148, T cf. eu 160.
217] -ure (-ūram), ures (-uras) — O cf. ou 149, T cf. u (ü) 153.
218] plus — O cf. ou 149, T cf. u (ü) 153.
219] -u (-ūtem, utum) — -ue (-ūtam) — -uz (-ūtos) — O cf. ou 149, T cf. u (ü) 153.
220] nuls — O cf. ou 150, T cf. u (ü) 154.
221] sus (-*ursum) — O cf. ou 150, T cf. u (ü) 154.
222] cieulx — O cf. ou 151, T cf. eu 161.
223] moyen, sien, chiens (-*anes) — O cf. an 162, T cf. ain 167.
224] riens (-em) — O cf. an 164, T cf. ain 167.
225] bien, vient — O cf. an 164, T cf. ain 167.

Bei so wesentlichen Abweichungen, die beide Mysterien aufweisen, wird es kaum der Erwähnung bedürfen, dass beide nicht von einem und demselben Dichter verfasst sein können. — Die Frage, wie O entstanden ist, scheint mir schon gelöst zu sein. Tivier stimmt mit den Herausgebern des Stückes Guessard und Certain sowie Vallet de Viriville (Bibliothèque de l'École de Chartes, 25ᵉ année t. V. série page 1ʳᵉ) darin überein, dass in Anbetracht der vielen Widersprüche, die sich im Mysterium befinden, verschiedene Redaktionen anzunehmen sind. Milet, dem Dichter von T, schreibt er den hauptsächlichsten Teil zu (cf. p. 44). Den Rest aber, in dem sich die Widersprüche befinden, soll der Dichter vorgefunden und nur überarbeitet und geordnet haben. Ferner sind sie alle der Meinung, dass das Mysterium bei Gelegenheit des Festes, welches zur Erinnerung an die Befreiung Orleans eine lange Reihe von Jahren Anfangs Mai gefeiert wurde, aufgeführt worden ist. Nun findet sich in den Annalen der Stadt verzeichnet, dass an diesen Tagen in den Jahren 1435 und 1439 für ein Mysterium, das denselben Stoff behandelte wie das unsrige, gewisse Auslagen gemacht sind. Die Herausgeber und Vallet de Viriville stehen nicht an, zu behaupten, dass uns jenes in O erhalten geblieben ist. Tivier kann sich mit dieser Ansicht nicht befreunden, weil er annimmt, dass ein Mysterium, das in so grossem Stile angelegt ist wie O, mehr Ausgaben verursacht haben muss, als die in jenen Annalen notierten 72 Sous. Was aber liegt näher als anzunehmen, dass das Mysterium in jenen Jahren noch nicht diesen Umfang hatte, sondern erst von Jahr zu Jahr, als das Fest eine grössere Ausdehnung nahm, mehr und mehr erweitert worden ist.

Diese Annahme gewinnt noch mehr Wahrscheinlichkeit, wenn man bedenkt, dass das Mysterium ganz und gar kein Dichtertalent verrät. Es konnten sich recht wohl mehrere finden, die in solchem Stil und solche Verse zu schreiben verstanden, noch dazu, wenn ihnen Chroniken zur Seite standen, denen sie gewisse Stellen ganz wörtlich entnahmen. Gab es nun keinen eigentlichen Verfasser dieses Stückes, so konnte uns auch dessen Name nicht überliefert werden.